中国江南古镇

王 俊 著

中国商业出版社

图书在版编目（CIP）数据

中国江南古镇 / 王俊著 . -- 北京：中国商业出版社，2022.10
ISBN 978-7-5208-2057-8

Ⅰ.①中… Ⅱ.①王… Ⅲ.①乡镇—古建筑—介绍—华东地区 Ⅳ.① K928.71

中国版本图书馆 CIP 数据核字（2022）第 092774 号

责任编辑：李　飞
策划编辑：蔡　凯

中国商业出版社出版发行
（www.zgsycb.com　100053　北京广安门内报国寺 1 号）
总编室：010-63180647　编辑室：010-83114579
发行部：010-83120835/8286
新华书店经销
三河市吉祥印务有限公司印刷
*
710 毫米 ×1000 毫米　16 开　13 印张　173 千字
2022 年 10 月第 1 版　2022 年 10 月第 1 次印刷
定价：47.00 元
* * * *
（如有印装质量问题可更换）

序言

国粹者，民族文化之精髓也。

中华民族在漫长的发展历程中，依靠勤劳的素质和智慧的力量，创造了灿烂的文化，从文学到艺术，从技艺到科学，创造出数不尽的文明成果。国粹具有鲜明的民族特色，显示出中华民族独特的艺术渊源以及技艺发展轨迹，这些都是民族智慧的结晶。

梁启超在1902年写给黄遵宪的信中就直接使用了"国粹"这一概念，其观点在于"养成国民，当以保存国粹为主义，当取旧学磨洗而光大之"。当时国粹派的代表人物黄节在写于1902年的《国粹保存主义》一文中写道："夫国粹者，国家特别之精神也。"章太炎1906年在《东京留学生欢迎会演说辞》里，也提出了"用国粹激动种性"的问题。

1905年《国粹学报》在上海的创刊第一次将"国粹"的概念带入了大众的视野。当时国粹派的主要代表人物有章太炎、刘师培、邓实、黄节、陈去病、黄侃、马叙伦等。为应对西方文化输入的影响，他们高扬起"国学"旗帜："不自主其国，而奴隶于人之国，谓之国奴；不自主其学，而奴隶于人之学，谓之学奴。奴于外族之专制谓之国奴，奴于东西之学，亦何得而非奴也。同人痛国之不立而学之日亡，于是瞻天与火，类族辨物，创为《国粹学报》，以告海内。"（章太炎：《国粹学报发刊词》）。

经历了一个多世纪的艰难跋涉，中华民族经历着伟大的历史复兴，中国崛起于世界之林，随着经济的发展国家日渐强大，文化的影响力日益凸显。

20世纪，特别是20世纪80年代以来，国学已是社会和学界关注的热门。特别是21世纪，我们社会主义经济、文化有了更大的发展，从文化自信到文化强国，我们有全面梳理中国传统文化精华，并加以宣扬和传播的使命和义务，以使广大读者特别是青少年，对其重新认知和用心守护。

因此，国粹系列丛书的出版恰逢其时。这套书有四大特色。

第一，这套书是在当下信息时代的大背景下，立足中国传统文化经典，重视学术资料性，约请各领域专家、学者撰稿，以图文并茂的形式，全面系统地阐释中华国粹。同时，每一种书都有深入探索，在"历史——文化"的综合视野下，又对各时代人们的生活情趣和心理境界作了具体探讨。它既是记录中华国粹经典、普及中华文明的读物，又是兼具严肃性和权威性的中华文化典藏之作，可以说是学术性与普及性结合。这当能使我们现代年青一代，认识中华文化之博大精深，感受中华国粹之独特魅力，进而弘扬中华文化，激发爱国主义热情。

第二，这套书既注意对文化作历史性的线索梳理，探索不同时代特色和社会风貌，又沟通古今，着重联系现实，吸收当代社会科学与自然科学的新鲜知识，形成更为独到的研究视野与观念。其中不少书，历史记述多从先秦两汉开始，直至20世纪，这确为古为今用提供了值得思索的文本，通过对各项国粹的历史发展脉络的梳理总结，提出很多建设性的意见和发展策略。

第三，这套书既有历史发展梳理，又注意对地域文化进行探索、研究。这套书，好多种都具体描述地方特色，如《中国古代木雕》一书，既统述木雕艺术的发展历程（自商周至明清），又分列江浙地区、闽台地区、广东地区、徽州、湘南、山东曲阜、云南剑川，以及少数民族地区的木雕艺术特色。又如《中国古代饮食文化》一书，着重分述中国八大菜系，即鲁菜、川菜、粤菜、闽菜、苏菜、浙菜、湘菜、徽菜。记述中注意与社会风尚、民间习俗相结合，确能引起人们的乡思之情。中华民族文化是一个整体，但它又是由许多各具特色的地域文化组合、融汇而成的。不同地域的文化各具不同的色彩，这就使得我们整个中华文化多姿多彩。展示地域文化的特点，无疑将把我们的文化史研究引向深入。同时，不少书还探讨了多种国粹对国外的影响，这也很值得注意。中华文明在国外的传播与影响，已经形成一种异彩纷呈、底蕴丰富的文化形象，这套书所述，对中外文化交流提供了十分吸引人的佳例。

第四，这套书，每一种都是图文并茂，极有吸引力。同时文字流畅，饶有情趣，特别是在品赏山水、田园，及领略各种戏曲、说唱等艺术品种时，真是"使笔如画"，使读者徜徉了美不胜收的艺术境地。阅读者会得到知识增进、审美真切的愉悦。

时代呼唤文化，文化凝聚力量，文化越来越成为民族凝聚力和创造力的重要源泉。我们大力弘扬中华优秀传统文化，大力发扬社会主义先进文化，把我国建设成为社会主义文化强国，实现中华民族的伟大复兴。我们希望这套国粹经典，不仅促进青少年阅读，还能服务于当前文化的奋进新程，铸就辉煌前景。

王 俊
于普纳威美亚公寓
壬寅年春

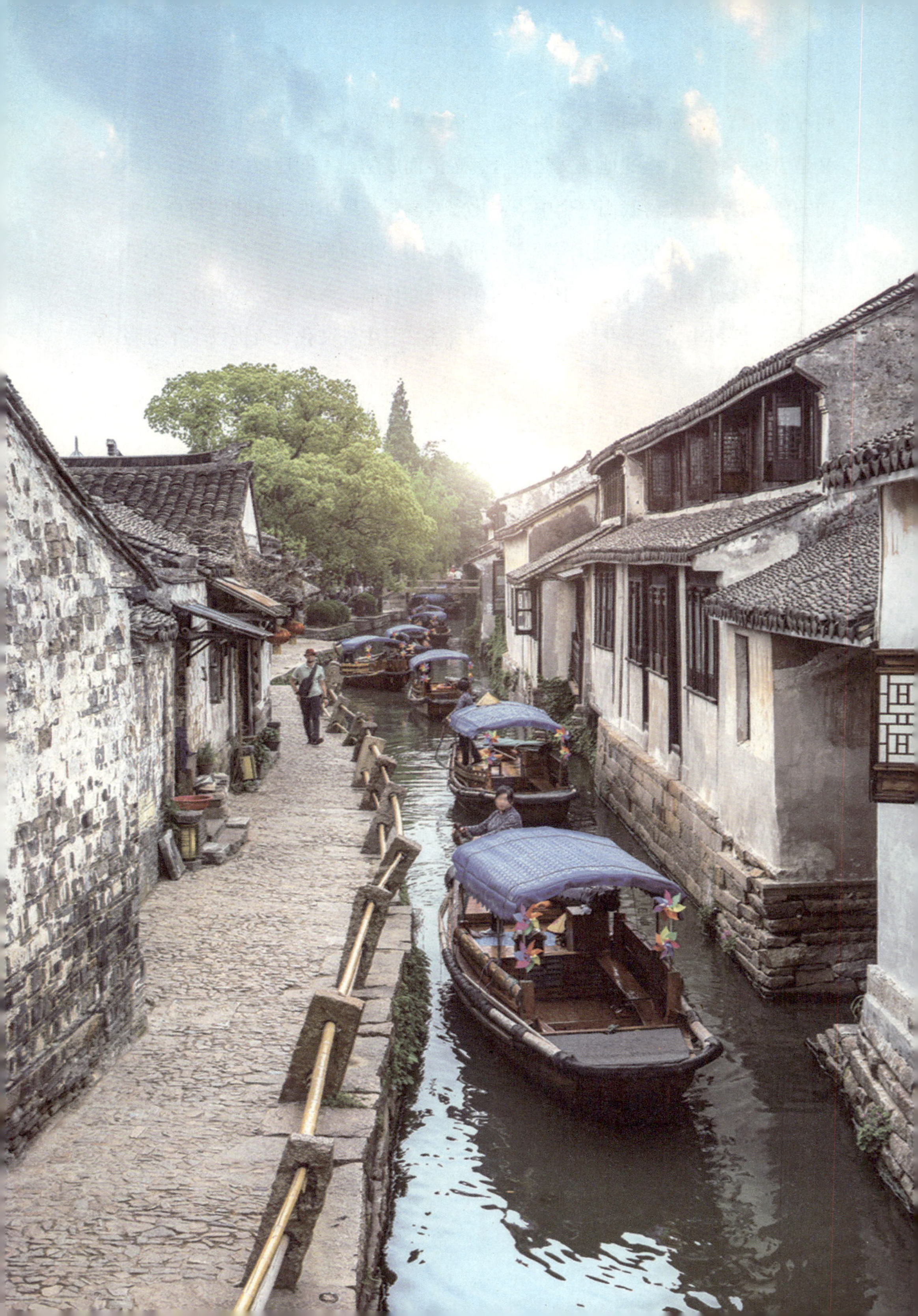

目录

第一章 古镇寻踪

第一节 古镇概述 ·· 2
  一、何谓古镇 ······································ 2
  二、古镇的价值 ···································· 2
  三、古镇的现状 ···································· 3
  四、古镇的保护 ···································· 4

第二节 古镇的分类 ······································ 6
  一、川滇桂汉式古村落 ······························ 7
  二、滇南少数民族古村落 ···························· 8
  三、湘黔鄂边地古村落 ······························ 8
  四、藏区古镇 ······································ 9
  五、长城南麓古村落 ································ 9
  六、长城以北传统游牧区古村落 ······················ 9
  七、水乡古镇 ······································ 10
  八、徽派山地古村落 ································ 10
  九、闽粤古村落 ···································· 11

第三节 水乡古镇之江南印象 ······························ 12
  一、江南古镇并称的来历 ···························· 12

二、江南古镇之"小桥" ················ 13

三、江南古镇之"流水" ················ 14

四、江南古镇之"人家" ················ 15

第二章　江南封面——乌镇

第一节　历史名镇　纯正水乡 ················ 18
  一、"乌镇"的由来 ················ 18
  二、纷繁古桥　玲珑水阁 ················ 19
  三、六朝胜地　幽暗静谧 ················ 21

第二节　私家宅第　庭院深深 ················ 24
  一、木雕博物馆"徐家厅" ················ 24
  二、古床展览馆"赵家厅" ················ 26
  三、厅上有厅"朱家厅" ················ 27
  四、民俗风情馆"金家厅" ················ 28
  五、书画门面"张家厅" ················ 29

第三节　墨香纸气　大师家园 ················ 31
  一、茅盾故居 ················ 31
  二、立志书院 ················ 32
  三、文昌阁 ················ 33
  四、锦兴斋 ················ 34

第四节　禅阁梵音　萧寺钟声 ················ 36
  一、尘嚣中的隐地"修真观" ················ 36
  二、宗教和文化并重的寺院"石佛寺" ················ 38

三、千乘禅院"福严寺"……………………………………… 39

第五节　乡土韵味　水乡情怀……………………………………… 42
　　一、蚕花习俗 …………………………………………………… 42
　　二、清明香市 …………………………………………………… 44
　　三、水阁茶馆 …………………………………………………… 45

第三章　江浙雄镇——南浔

第一节　碧水环绕　小桥石驳……………………………………… 48
　　一、水：古镇的灵韵 …………………………………………… 48
　　二、桥：古镇的魂魄 …………………………………………… 50
　　三、青石板：古镇的基石 ……………………………………… 52

第二节　丝绸之府　文化之邦……………………………………… 54
　　一、曾经繁荣的丝市 …………………………………………… 54
　　二、崇文重教的镇风 …………………………………………… 55

第三节　园林巨物　风景绝美……………………………………… 58
　　一、水巷蜿蜒"百间楼" ……………………………………… 58
　　二、宏屋巨宅"二张故居" …………………………………… 60
　　三、诗化家园"小莲庄" ……………………………………… 63
　　四、听任夜莺"颖园" ………………………………………… 65
　　五、书藏万卷"嘉业堂" ……………………………………… 66

第四节　相尚商贾　风采绝代……………………………………… 69
　　一、仕风昌盛 …………………………………………………… 69
　　二、"四象"豪门巨富 ………………………………………… 70

三、"八牛"大富之家 ·············· 72

四、"七十二黄金狗" ·············· 73

第四章　吴根越角——西塘

第一节　桥弄廊棚　清幽西塘 76
 一、石桥卧波 ·············· 77
 二、古弄探幽 ·············· 78
 三、长廊写意 ·············· 79

第二节　古宅旧踪　风情西塘 81
 一、乐善好施"种福堂" ·············· 82
 二、百寿吉祥"尊闻堂" ·············· 83
 三、古今民居的分水岭"薛宅" ·············· 84
 四、书香门第"倪宅" ·············· 85
 五、版画陈列馆"醉园" ·············· 85

第三节　喜好收藏　博物西塘 87
 一、明清民居木雕馆 ·············· 87
 二、张正根雕艺术馆 ·············· 88
 三、瓦当陈列馆 ·············· 89
 四、酒文化博物馆 ·············· 90
 五、纽扣博物馆 ·············· 91

第四节　佛殿庙宇　神秘西塘 94
 一、东岳庙 ·············· 94
 二、药师庵 ·············· 95

三、护国随粮王庙 ································ 96

第五节　风物美食　秀色西塘 ························ 98

　　一、荷叶粉蒸肉 ·································· 98

　　二、五香豆 ······································ 99

　　三、六月红 ······································ 99

　　四、八珍糕 ······································ 99

　　五、蒸双臭 ······································ 100

第五章　水乡明珠——同里

第一节　苍韵怀古　清丽寓今 ························ 102

　　一、同川溯古 ···································· 102

　　二、埠头景致 ···································· 103

　　三、街巷古韵 ···································· 104

　　四、罗星听雨 ···································· 105

第二节　轻履石桥　品味巧趣 ························ 107

　　一、最古老的思本桥 ······························ 107

　　二、最神气的富观桥 ······························ 108

　　三、最好学的普安桥 ······························ 109

　　四、最传奇的乌金桥 ······························ 109

　　五、最吉利的"三桥" ······························ 110

第三节　深宅大院　华丽宅第 ························ 112

　　一、刘氏宅院"嘉荫堂" ···························· 112

　　二、木雕精品"崇本堂" ···························· 113

三、伏卧的仙鹤"务本堂" ………………………………… 114
　　四、花园景致"耕乐堂" …………………………………… 115
第四节　废园寻梦　追思访盛 …………………………………… 118
　　一、追述故迹 ………………………………………………… 118
　　二、诗情画意"退思园" …………………………………… 119
第五节　民俗风情　特色物产 …………………………………… 124
　　一、新年伊始"点罗汉" …………………………………… 124
　　二、六月廿三"闸水龙" …………………………………… 124
　　三、七月三十"放水灯" …………………………………… 125
　　四、水中人参"芡实" ……………………………………… 125
　　五、"本堂斋"特产闵饼 …………………………………… 126

第六章　中国第一水乡——周庄

第一节　古桥水巷　灵秀周庄 …………………………………… 128
　　一、水巷灵动 ………………………………………………… 129
　　二、古桥秀美 ………………………………………………… 129
第二节　锦绣江南　和美周庄 …………………………………… 132
　　一、周庄古八景 ……………………………………………… 132
　　二、周庄新名胜 ……………………………………………… 134
第三节　历史古镇　人文周庄 …………………………………… 141
　　一、悠久历史 ………………………………………………… 141
　　二、民俗节庆 ………………………………………………… 142

第四节　人杰地灵　魅力周庄⋯⋯⋯⋯⋯⋯⋯⋯⋯⋯⋯⋯ 146

　　一、商业和文化结合的"沈万三故居"⋯⋯⋯⋯⋯⋯ 146

　　二、敬业堂宅"沈厅"⋯⋯⋯⋯⋯⋯⋯⋯⋯⋯⋯⋯⋯ 151

　　三、明代风采的"张厅"⋯⋯⋯⋯⋯⋯⋯⋯⋯⋯⋯⋯ 152

　　四、质朴却不失典雅的"叶楚伧故居"⋯⋯⋯⋯⋯⋯ 153

第七章　神州水乡——甪直

第一节　水云之乡　古桥之都⋯⋯⋯⋯⋯⋯⋯⋯⋯⋯⋯⋯ 156

　　一、造型独特的"东美桥"⋯⋯⋯⋯⋯⋯⋯⋯⋯⋯⋯ 157

　　二、古桥中的寿星"中美桥"⋯⋯⋯⋯⋯⋯⋯⋯⋯⋯ 157

　　三、迎接旭日的"正阳桥"⋯⋯⋯⋯⋯⋯⋯⋯⋯⋯⋯ 158

　　四、小巧的"东西垂虹桥"⋯⋯⋯⋯⋯⋯⋯⋯⋯⋯⋯ 159

　　五、令人称奇的"三步两桥"⋯⋯⋯⋯⋯⋯⋯⋯⋯⋯ 159

第二节　千年古刹　佛庙塑壁⋯⋯⋯⋯⋯⋯⋯⋯⋯⋯⋯⋯ 161

　　一、兴市的古庙"保圣寺"⋯⋯⋯⋯⋯⋯⋯⋯⋯⋯⋯ 161

　　二、国之瑰宝"塑壁罗汉"⋯⋯⋯⋯⋯⋯⋯⋯⋯⋯⋯ 163

　　三、"塑圣"杨惠之⋯⋯⋯⋯⋯⋯⋯⋯⋯⋯⋯⋯⋯⋯ 165

第三节　教育家的用武之地　人文荟萃的历史辉煌⋯⋯⋯ 167

　　一、一代乡贤沈伯寒与"沈宅"⋯⋯⋯⋯⋯⋯⋯⋯⋯ 167

　　二、水乡明星萧芳芳与"萧宅"⋯⋯⋯⋯⋯⋯⋯⋯⋯ 170

　　三、师表楷模叶圣陶与"万盛米行"⋯⋯⋯⋯⋯⋯⋯ 172

　　四、梅花主人许自昌与"梅花墅"⋯⋯⋯⋯⋯⋯⋯⋯ 175

　　五、时代幸运儿王韬与"王韬纪念馆"⋯⋯⋯⋯⋯⋯ 176

第四节　甪里美食　名肴佳品 …………………………………… 179
　一、素火腿：甪直萝卜 …………………………………………… 179
　二、美味的鸭肴 …………………………………………………… 180
　三、诱人的甪里蹄 ………………………………………………… 180

附　录　古镇的保护与合理发展

　一、从"周庄模式"看城镇遗产的整体保护 ………………… 183
　二、十字路口，古镇将向何处去 ………………………………… 185
　三、商旅文化各显其能，前进道路举步维艰 …………………… 186
　四、古为今用，创建文化特色新城镇 …………………………… 189

　参考文献 …………………………………………………………… 192

第一章

古镇寻踪

第一节 古镇概述

一、何谓古镇

古镇，一般是指有着百年以上历史，体现传统文化风貌，展示传统生活方式，集中居住的建筑群。所以称之为"古镇"，首要原因就是历史的悠久，仅拿"镇"字来说，在宋代就开始有了。宋代以后县以下的小商业都市都叫作镇，而镇作为商居实体，存在的时间比称谓的出现还要早得多。

乌镇

二、古镇的价值

古镇作为一种文化遗产，既具有文化性所形成的精神价值，又具有实体性所带来的市场价值。

名人、名宅、名士，以及名吃、名产，这一系列的"名"，构成一个古镇的名气。随着工业化的迅速发展，古镇成为城市人的精神家园，成为追寻历史、追寻祖先的一种人文地域文化。这种精神价值正是一个国家、一个民族根本性的文化因素之所在。

古镇重在一个"古"字，古老的宅院、古老的家具、古老的陈设等，这些老旧的资产里面包含着丰厚的历史信息和文化信息，且在新的形势下不断升值。

古镇不仅是一个实体、一个产品，也构成一个市场，也就是当今如火如荼的旅游业。这种市场聚集了人气、聚集了财气、聚集了商气，这种市场价值本身就有别于一般的工业化产品或农产品的市场价值，这也是古镇特有的价值所在。

三、古镇的现状

古镇是历史的遗存。就全国来说，古院上万、古村上千、古镇上百、古城上十，但是在历史上我国有2200多个县，差不多每个县都是一座古城，而今完整保存下来的也就几十个。

另外，由于战争、自然灾害、人为等因素，古镇破坏十分严重。可喜的是，近几年来，古镇以其特有的建筑风貌、丰富的历史文化遗迹、深厚的人文内涵以及特有的古朴氛围，受到人们的青睐，成为旅游市场中的一

水乡古镇风光

支新生力量，一定程度上延缓了这种破坏的过程。从一定意义上来说，旅游业的兴起挽救了我们的古镇。

但是，随着旅游业的快速发展，在这良好态势的背后，古镇面临的压力也逐渐暴露出来。游客流量的迅速增加使古镇的环境氛围遭到破坏，垃圾污染和水污染非常严重。不断膨胀的旅游业正在排挤着大量的有地方特色的小本生意，致使受保护街区的风貌日趋千篇一律，旅游设施的充斥、无特色旅游商品的泛滥以及"人人皆商"的浓重的商业气息，都在不知不觉地侵蚀着古镇的自然环境和人文氛围。

四、古镇的保护

随着旅游业的发展，古镇面临的压力逐渐凸显，古镇的保护成为一个刻不容缓的重要问题。为了加强古镇的保护和管理，继承优秀历史文化遗产，促进经济社会和谐发展，国家颁布了《历史文化名城名镇名村保护条例》等相关法律、法规。但是我们必须看到，古镇的保护之路并非一马平川，而是路途坎坷。在古镇保护的坎坷道路中，出现了一位"古城卫士"，他叫阮仪三。

阮仪三，同济大学建筑城市规划学院博士生导师、国家历史文化名城研究中心主任、全国历史文化名城保护专家委员会委员、原建设部同济大学城建干部培训中心主任。

阮仪三先生于20世纪五六十年代师从陈从周、董鉴泓，曾经考察了全国150多座历史名城，记录下大量的中华历史文化和建筑艺术的资料。20世纪80年代初，随着改革开放、经济发展，全国开始大规模基础建设，阮仪三敏锐地发现这些蕴含着中华历史文化艺术的古城、古镇、古村落正在人们不经意间迅速地消亡着。于是，便有了"刀下留城救平遥"，让平遥这个太原附近的小小古城，成为全人类注目的世界文化遗产；又有了"一个老头的江南"。

阮仪三的使命感和保护成果，让他获得了这个领域的最高褒奖——联合国教科文组织给他颁发了"亚太地区遗产保护杰出成就奖"。丽江保护与申报世界文化遗产、古运河调查、三国古城保护、上海外滩保护、提篮桥犹太人居住地保护、上海老工厂保护、石库门调查、苏州河保护……几乎每个项目，阮仪三都第一时间向政府和舆论界发出最强的声音，制止拆迁、呼吁保护。他不但拿出调查报告、规划措施，还身体力行地参与保护。今天，上海和全国各地许多保存下来的重要项目，都曾留下阮仪三的呼喊和心血。

知识小百科

游中国古镇的心得

古镇之游，初观之汤药未换，然细细品味，个中差别大矣。要言之，地不同，时不同，心情不同，人不同，游伴不同，水陆交通不同，风景不同，则感受大有不同。

古镇之游又有风景不同，水乡泛舟，山野登高，塞外骑马，山阴乘船。虽皆是天人相合，但天与天不同，地与地相差，虽皆为古镇，但镇镇有别。

第二节 古镇的分类

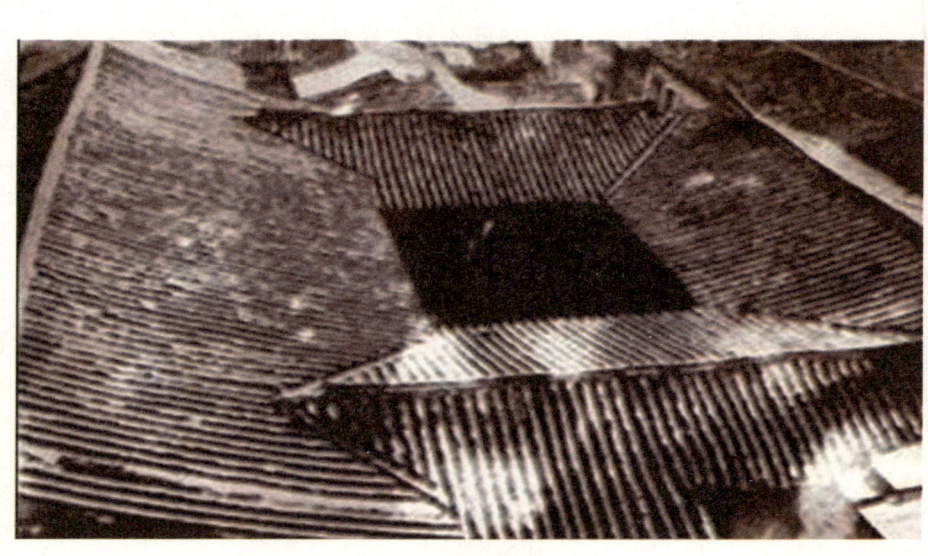

我国是一个历史文化大国,有着悠久的历史和丰厚的文化遗产,这种得天独厚的条件成为古镇形成的基础。将这些古镇按照历史文化地理的角度去考虑,可以大致分为这样几种类型:川滇桂汉式古村落、滇南少数民族古村落、湘黔鄂边地古村落、藏区古镇、长城南麓古村落、长城以北传统游牧区古村落、水乡古镇、徽派山地古村落和闽粤古村落。

"一颗印"式建筑

一、川滇桂汉式古村落

川滇桂汉式古村落主要分布在四川、滇北古南诏地区、重庆峡江地区、广西西部。代表性古镇有李庄、黄龙溪、龚滩、大理、丽江、黄姚

黄龙溪

等。由于这一地区是多民族的混居地区，因此造成建筑风格的多样化，既有北方典型特色的四合院（但方向正好相反），也有湘西的吊脚楼。滇北的丽江、大理的"一颗印"式建筑更是赫赫有名。

知识小百科

"一颗印"式建筑

"一颗印"式建筑是由汉、彝先民共同创造，最早在昆明地区流行起来的特殊建筑形式。其特点是：由正房、厢房、倒座组成四合院，瓦顶、土墙和外观呈方形，方方正正好似一颗印章，故称为"一颗印"。"一颗印"民居为一楼一底楼房，正房三间，底层一明间两次间，前有单层廊（称抱厦），构成重檐屋顶。左右两侧为一楼一底吊厦式厢房，厢房的底层一般各有两间，称为"四耳"。

二、滇南少数民族古村落

滇南少数民族古村落主要分布在云南南部、横断山脉南段。代表性村落有版纳、和顺。这一地区少数民族风情浓郁。这里的村落布局往往以头人的住宅为中心，呈散射状分布。傣家的干栏式建筑与苗家的竹木吊脚楼，再加上原有的民族风情以及云南特有的自然条件，充满异域风情。

干栏式建筑

三、湘黔鄂边地古村落

湘黔鄂边地古村落主要分布在湘西、湖北南部、贵州和重庆东部、桂北。代表性古镇有凤凰、洗车河、镇远。这一地区原本为楚人的势力范围，明清以来成为以苗人为主的少数民族聚居地。由于历代民族政策原因，从明代起逐渐形成了汉苗杂居的状态。反映在建筑上，既有汉人的屋瓦檐柱，又有少数民族的天街小楼。而且由于地势不平，又临近水边，吊脚楼也极为常见。

凤凰古城

四、藏区古镇

藏区古镇主要分布在青藏高原及其边缘地带、藏族聚居区。代表性古镇有丹巴、曲贡、理县、玉助、若尔盖。其聚居地的居民多由牧转农或半农半牧。房屋建造较为实用，多为土木建筑，村寨建筑贫富分明。偶有石砌碉楼和牧人居住的临时性建筑。

丹巴碉楼

五、长城南麓古村落

长城南麓古村落主要分布在冀北、晋北、陕北、河套地区、陇东北地区。代表性古镇有正定、平遥、榆林。明清以来，当地政治经济趋于稳定，随着晋商的崛起，当地的房屋建筑也随之改变。晋商往往愿意将挣得的银两用于回乡购置地产。这种院落布局严谨、伦理分明，又能充分保护各自的隐私。以宗祠为中心，聚族而居，院中有院的建筑形式，充分反映了当时晋商的严谨作风。

六、长城以北传统游牧区古村落

长城以北传统游牧区古村落主要分布在东三省、内蒙古自治区、新疆。代表性古镇有鹰屯、清水河、达坂城。这里的村落居民多是由牧民或驻守的士兵转为农耕定居的，多以聚居为主。屋顶坡度较小的窑洞式建筑，虽采光性较差，但风格质朴敦厚。

七、水乡古镇

水乡古镇主要分布在江苏南部苏扬地区、浙江北部杭嘉平原与浙东地区。代表性古镇有江南六大名镇（南浔、西塘、乌镇、周庄、同里、甪直）。水乡古镇伴随着商业的发达和水运交通的便利，多兴起于明清。建筑造型轻巧简洁、虚实有致、色彩淡雅、因地制宜、临河贴水，空间轮廓柔和而富有美感。因此，常被人称为"粉墙黛瓦""小桥流水人家"。

江南古镇

八、徽派山地古村落

徽派山地古村落主要分布在安徽东南、浙中浙东南山区（金华、绍兴、永嘉地区）、江西大部分地区、广东北部、湖南东部。代表性古镇有西递、宏村、郭洞、前童。该地区的村落多开始于宋元时期，大多是聚族而居。村落的整体布局较为内敛，十分注重与周边环境的协调，在装饰上多以表现忠孝题材为主，历史感厚重。

西递宏村

九、闽粤古村落

闽粤古村落主要分布在广东北部、福建南部、中国台湾地区、海南北部。代表性村落有开平、培田、长汀。由于历史文化的关系，这里的村落存在着多样性。有客家人为了抵抗侵扰、保护家族的圆形碉楼；有因中西交往的影响形成的西洋建筑；还有布局呈梳齿状的传统中式建筑，即三开间的房屋前有两廊，组成三合院式的住宅。

培田古建筑

第三节 江南印象之水乡古镇

中国的古院上万、古村上千、古镇上百、古城上十，然而每当说起这些古村落，人们首先想起的总会是『小桥流水、粉墙黛瓦、绿柳红桃，以及淡淡的茶烟氤氲、轻轻的弦索弹唱』的江南水乡。江南以温婉的水乡气质，一直为中国乃至世界各地的游客所追寻和向往。其中，最具代表性的有江苏的周庄、甪直、同里，浙江的西塘、乌镇、南浔，并称为『江南六大古镇』。

一、江南古镇并称的来历

"小桥、流水、人家"的规划格局和建筑艺术在世界上独树一帜，形成了人与自然和谐的居住环境。江南六大水乡古镇是我国江南风貌最具代表性的地区，以其深邃的历史文化底蕴、清新婉约的水乡古镇

江南水乡风貌

风貌、古朴的吴侬软语民俗风情，在众多古镇中脱颖而出、驰名中外。

六大古镇是江南水乡古镇的代表，既有共同的特性又有各自的特色。周庄开发得最早，知名度也最高；用直是艺术的殿堂，这里有艺术瑰宝彩塑罗汉和影视明星萧芳芳；同里有如水乡中的明珠，耀眼精致；南浔文化底蕴最深，单个景点很有味道；乌镇旅游做得很成功，是博物馆式的古镇，几乎没有原居民；西塘面积最大，保护了1.05平方千米和25万平方米的明清建筑，廊棚、古弄很有特色。正是因为共性之中存在个性，许多旅行社都把六大古镇作为整体推出。

二、江南古镇之"小桥"

江南是水的国度，也是桥的国度，桥不敢说数万，至少也有数千。这些形形色色、造型各异的桥，或飞越于河港，或横跨于街面，或盘旋于要津，或点缀于园林，成为江南水乡一道独特的风景。

江南多放生桥，顾名思义，就是以前人们经常在这类桥上放生各种生物。由于大自然的风吹雨打，桥上的青石台阶已经磨去了棱角，或多或少地出现了坑坑洼洼的凹陷。

有一种桥承载了江南人播种的希望，见证了江南人收获的喜悦，这就

水乡石拱桥

是田埂上的青石板小桥。江南多沟渠，为了出行方便，农民通常在沟渠的上方用几块青石板拼成一座小桥。这种桥桥面不宽，一个人通过足矣。

　　江南的桥中还有一种变异的拱桥。说它变异，是因为它似拱非拱，上下桥的桥坡很斜，平直的桥面横卧在不宽的街面上。这种桥的台阶通常很低，性急的人上桥时都是两阶一跨，非常容易。但是相对于上桥来说，下桥就显得没那么容易了，稍不小心就会栽个跟头。

水乡石拱桥

　　江南的小桥，不管是石拱桥还是木板桥，都有几百年的历史，可谓见证了历史的变迁。在桥身的两侧一般都镌刻着楹联，这些楹联凝聚着古代先哲和今人的许多心血和智慧，记载着江南悠久厚重的历史，为江南的古桥增添了更多的文化底蕴，构筑了浓郁的水乡风情。

三、江南古镇之"流水"

　　水，滋养了江南的风物、江南的人，孕育了江南独特的文化韵味。

　　在江南的许多地方，河与湖有着同样的发音，这恰恰反映了江南人对水的看法。在长江下游人们的眼里，河与湖并没有什么太大的差别，关键是河与湖里都有着流动的水。

江南的水永远是流动的。正是因为水源源不断地流动，才有了江南历史的延续、文明的进步、城镇的繁华。流水是江南繁华的根本，是江南的灵气之所在。江南众多的河道，有如庞大躯体上的毛细血管。有了流水，江南才有了生命，才有了无穷无尽的活力。

"江南园林甲天下"，是水孕育了江南的园林。江南园林的水面积常常占到园林面积的一半以上，甚至三分之二还要多。在水边建桥、造山、筑亭，将园内的假山、亭阁与园外的小桥流水融合成一个山清水秀的幽雅环境。可以说，没有水就没有江南的园林，是水滋润了江南的园林。

江南园林

吴江的同里、昆山的周庄、浙江的乌镇……这些声名远播的江南古镇，或历史悠久，或古迹遍地，或景色秀丽，或民风淳朴；有的以水乡服饰见长，有的以风光秀美著称，有的以淳朴的民风闻名。但它们有一个共同的特点：均具有独特的水乡文化。没有水就失去了江南古镇的动感、宁谧和清纯。

四、江南古镇之"人家"

江南六大古镇有着深厚的文化底蕴，是中国文化最为发达的地区之一，人才荟萃，因而古镇的许多住户是诗书传家。又由于这里物产富庶、工商繁盛，这些城镇历来是官宦隐退、富户别墅、学士散居之地。正因为如此，曾有人对江南文化作出了这样的解释——诗书传家（高度重视教育）、商贸富民（发展的最终目的是人的发展）。

有文化素养的人大都精心营造房舍，一些富绅商贾也附庸风雅，聘请饱学之士筹划，所以在水乡古镇中留下了不少精美的宅院，成为当今人们

第一章　古镇寻踪／ 15

旅游观光的胜地。

这些宅院以木构一、二层厅堂式的住宅为多。为适应江南潮湿的气候，住宅布局多穿堂、天井、院落。构造为瓦顶、空斗墙或马头墙，形成了高低错落、粉墙黛瓦、庭院深邃的建筑群体风貌。

江南院宅

另外，这些水乡民居大都营造于封建社会，因此，其经营布局、房舍安排等都受到封建伦理和儒学传统的影响。如厅堂的主次、前后的序位、主客的区分、主仆的隔离、男女的差别等，在设计上都有独到的手法，这是江南水乡民居的人文因素的体现和反映。

知识小百科

忆江南词三首

白居易

江南好，风景旧曾谙。日出江花红胜火，春来江水绿如蓝。能不忆江南？

江南忆，最忆是杭州。山寺月中寻桂子，郡亭枕上看潮头。何日更重游？

江南忆，其次忆吴宫。吴酒一杯春竹叶，吴娃双舞醉芙蓉。早晚复相逢！

第二章

江南封面——乌镇

第一节 历史名镇 纯正水乡

一、"乌镇"的由来

乌镇建于唐咸通年间，至今已跨越千年的历史。京杭大运河绕镇而行，民居临河而建、傍河而市，形成了典型的江南水乡风情。

水乡风情

乌镇古名"乌墩""乌戍"。"乌墩"之"墩",王雨舟在《二溪编》中说,"乌镇古为乌墩,以其地脉坟起高于四旷也……",解释得已够明白。春秋时期,乌镇是吴越边境,吴国在此驻兵以防备越国,"乌戍"就由此而来。李乐在《乌青镇志》中说:"镇,周属吴,吴戍兵备越名为戍。"但何以称"乌",自古有很多种说法,都缺乏考证。较为合理的一种说法是,清康熙二十七年(1688年),乡贤在《乌青文献》中提出:"乌墩、青墩之名,其从来远矣……大都江山自开辟以来,何有其名字?皆世谛流布相承耳,如'齐鲁青未了','澄江静如练',是为山水传神写照语也。乌青之义盖类此。"

唐咸通十三年(872年),文献中始见"乌镇"之名。1950年,乌镇与一江之隔的青镇合并,因乌镇知名度较高,遂用此名,一直沿用至今。

二、纷繁古桥　玲珑水阁

既是水乡,自然离不开桥,乌镇也是如此,最多时全镇有120多座古桥,素有"百步一桥"之称。且桥的样式多种多样,风格迥异。有古朴威严的多孔石拱桥,有秀美灵巧的砖砌洞桥,还有短小的木质古桥。

乌镇古桥最早建于宋代,在现存的30多座古桥中,年事最高的是浮澜桥,建于明宣德年间,长27.4米,宽3.3米,单孔石拱桥。浮澜桥是乌镇众多古桥中唯一一座以出资建桥者的名字命名的古桥。

乌镇的桥有一种内敛的野性,最具

乌镇石桥

代表性的要数通济桥和仁济桥了。这两座单孔石拱桥，一个是东西走向，另一个是南北走向，成直角相连，任你站在哪一座的桥边，均能透过桥洞看见另一座的桥身，固有"桥里桥"的美誉。

乌镇人视建桥为积德之举，常常为了方便两岸百姓而架起一座座桥梁。这样就出现了一个有趣的现象：一桥多名。如翠波桥又名菜埠桥，原因是翠波桥旁边有一个蔬菜交易市场；仁寿桥又叫望佛桥，是因为仁寿桥劈对密印寺山门，在桥上能看到寺里那尊弥勒佛……像这样有着自己故事、多个名字的桥不胜枚举。

乌镇的水阁和许多江南水乡小镇一样，街道、民居皆沿溪、河而造，正所谓"人家尽枕河"。与其他古镇不同的是，沿河的民居有一部分延伸至河面，下面用木桩或石柱打在河床中，上架横梁，搁上木板，人称"水阁"，这是乌镇所特有的风貌。茅盾曾在《大地山河》中这样描述故乡的水阁："……人家的后门外就是河，站在后门口（那就是水阁的门），可以用吊桶打水，午夜梦回，可以听得橹声欸乃，飘然而过……"

传说水阁最初是一个做豆腐的人家为了扩大门面，方便取水，搭建的违章建筑。随着时间的迁移，这种实用又漂

乌镇水阁

亮的建筑因为受到乌镇人的普遍喜爱而保存和延续了下来。从某种意义上说，水阁是乌镇的灵气所在，虽然并不奢华，但是却多了一份优雅与婉转，拉近了人与水的距离，增强了乌镇的风韵。

三、六朝胜地　幽暗静谧

乌镇千年以上的古迹一共有3处：谭家湾遗址、唐代银杏、昭明书院。

谭家湾遗址是乌镇历史的源头，位于乌镇东郊3里许的谭家湾村的西边，西接红光村的水田，南抵河浜以南的桑地，北部延伸至谭家湾村的水田，中心地段在呈馒头状高埠的荡田里。谭家湾遗址属罗家角类型，距今已有近7000年的历史。也就是说，乌镇的先民约7000年前就已在这块土地上繁衍生息了。

在乌镇市河北花桥西侧城隍庙院落中有一棵参天耸立的唐代银杏，至今已有1000余年树龄了。茅盾曾在《可爱的故乡》中写道："我的家乡乌镇，历史悠久……镇上古迹之一有唐代银杏，至今尚存。"关于这株银杏有一个古老的传说。唐宪宗元和年间，有位英勇的将军，姓乌名赞，人称乌将军。他在率兵讨伐叛军的时候遭人陷害，被叛军乱箭射死，吴起将军将其葬在车溪河边。日后乌将军的坟上冒出一株银杏，大家都说这是乌将军的化身。老百姓为了纪念这位热爱国家的将军，在银杏树旁边建造了一座"乌将军庙"，并在庙中悬挂一块匾额，上书"大树属将军"5个大字。这棵象征着尽忠报国的古银杏树，作为乌镇历史的见证者，虽然历经沧桑巨变，却始终洋溢着生命

乌将军庙

的激情。

昭明书院，位于乌镇市河西侧。因南朝梁武帝太子萧统曾在此设馆就读而得名。昭明太子名萧统，2岁时被立为皇太子，自幼好学多问、通古知今，以首编《昭明文选》著称于世。据清乾隆《乌青镇志》记载，梁天监二年（503年），萧统曾随老师沈约来乌镇读书，并建有书院一座。后来，书院塌毁，遗迹残存。明万历年间，乌镇同知全廷训出于对萧统才学的敬仰，便在书院旧址前建起一座石坊，里人沈士茂于石坊上方题写"六朝遗胜、梁昭明太子同沈尚书读书处"匾额。石坊为花岗岩，门楼式，高约5米，宽3.8米。乌镇人非常珍惜这一文化遗迹。1977年茅盾欣闻故乡这一古迹在"文化大革命"之后仍大难不毁，在给家乡的一首词《西江月》中写下了"唐代银杏宛在，昭明书室依稀"的佳句。

六朝遗胜

知识小百科

昭明太子拜师的故事

南朝梁武帝的儿子名萧统，就是昭明太子。

萧统出生时，右手紧握拳头，不能伸直，东宫娘娘以及宫女都没法掰开，梁武帝为此十分担忧。有位大臣说："皇上何不张榜招名医诊治呢？"梁武帝觉得有理，就张榜招贤：谁能掰开太子的手，太子就拜他为师。

沈约见了榜文，就揭榜前去一试。他捧起太子的手，轻轻一掰，太子的手就分开了。梁武帝十分高兴，就赐封沈约为太子的老师，专门教太子读书。

南朝梁昭明太子萧统像

第二节 私家宅第 庭院深深

乌镇的优越与富庶为世人看好，一些大家纷纷在此建造宅第，私家园林迭出，个性的宅第和楼厅也出现不少。在乌镇，人们习惯用「厅」来称呼整座宅第。

一、木雕博物馆"徐家厅"

绍兴人徐霭，靠酿酒发家，后又开了酒店、米行、粉坊等，发家后建起了豪宅，乌镇人称之为"徐家厅"。徐家厅是一座四开间江南传统豪宅，东侧有沿街店面和二进楼厅，后进有附属房舍，东厢水廊下有平房。西侧沿街为石库墙门，内有三间楼房和两楼厅。徐家厅最值得称道的是其建筑物上的精美木雕，内容多为花果鸟兽和生活场景，因此也有人称其为"百花厅"。

乌镇范围内的大量木雕作品都集聚在这里，形成江南木雕馆。

从徐家厅的石库门进入江南木雕馆门厅，迎面是一组雕刻精细的屏风和陈列馆的简介。背面是一对椴木龙凤柱，柱高约2米，两根柱子上分别雕有盘龙、飞凤，构图缜密、惟妙惟肖。一般来说，龙凤形象只能作为帝王宫殿的装饰，因而在江南民间出现十分罕见，因此这对龙凤柱就显得弥足珍贵。

　　徐家厅的第二进，是木雕馆的主要陈列室。门口有一架樟木雕花大梁，长约4米，宽约50厘米，重300多公斤，正面所雕的场景为"郭子仪拜寿"（民间颇为流行的寓意光耀门庭的吉祥图案）的"全家福"。郭子仪七子八婿分立前后左右，面向中间两位老人，10多个人物神态各异、栩栩如生，表现得甚是细腻、精巧。值得一提的是这座三开间陈列大厅建筑本身就是雕刻艺术馆，四大柱子的大梁一反传统的凝重，轻盈的镂空雕花篮，大有举重若轻的气概。

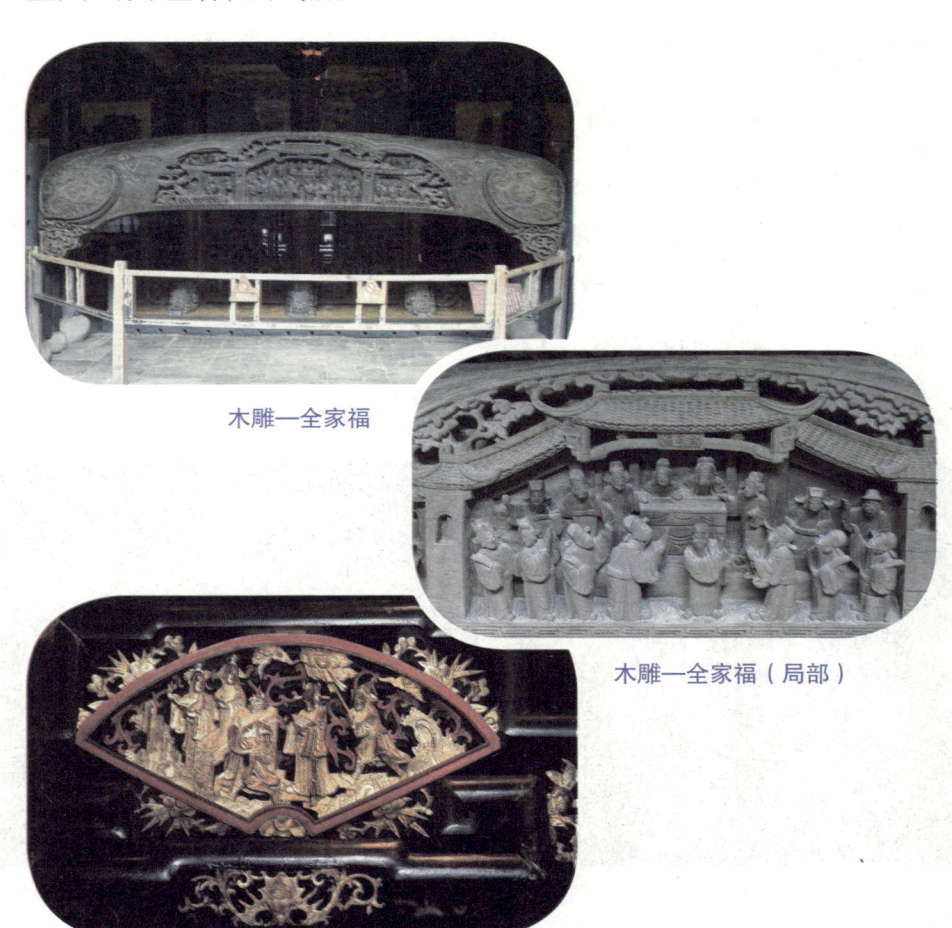

木雕—全家福

木雕—全家福（局部）

乌镇木雕艺术

进入徐家厅的第三进建筑，映入眼帘的是一副龙门骨架，倒置的梁垫、翘角的雀替，有的造型简洁、构思独特，有的纤巧隽秀，堪称江南木雕精品。最引人注目的是两侧两根粗大的木雕柱子，雕有兽面人身，当为图腾柱，它既没有希腊雕刻的古风，也没有中国佛教的静穆、超然，而是有几分神秘和威严之感。

　　展厅四周是各式各样的落地长窗、饰件等，图案有历史人物、戏曲故事、花鸟鱼虫、山水景观，如"八仙过海""岳飞传""松鼠吃葡萄""梅兰竹菊""和合二仙""福寿如意""渔樵耕读""西厢记"等典故。整个木雕馆有数百件木雕珍品，俨然一座木雕博物馆。

二、古床展览馆"赵家厅"

　　坐落在乌镇东大街的赵家厅，面积为1200多平方米，厅内收藏了数十张明、清、近代的江南古床精品，从富商大贾到极普通的平民百姓的各式木床无一不有，从一床一室到一床多室（床内备有化妆间、卫生间、仆人间等），既有贵胄们的奢华，也有普通百姓的俭朴。素有"江南百床馆"之称，是中国第一家专门收藏、展出江南古床的博物馆。

乌镇木雕古床　　　　　　　　　乌镇木雕古床（局部）

馆内第一展厅陈列的有明代"马蹄足大笔管式架子床"等，采用木架构造形式，造型简洁、朴素，比例均衡，并强调家具形体的线条形象，体现了明快的艺术风格。这些床充分利用硬木的色泽和纹理特点，不事雕琢，多用原木漆，浑然天成。第二展厅有清代"拔步千工床"等，这些床材质优良、工艺复杂、制作精良，是木雕床中的精品。其中清代"拔步千工床"被誉为"镇馆之床"，用料为黄杨木，长217厘米，深366厘米，高292厘米，前后共有3叠。此床历时3年方才雕成，用工千余，故有其名。

这些雕工精美、历史悠久的古床在江南百床馆里可谓目不暇接，它们有的雕工精湛、风格独特，有的装饰华丽、豪华气派，无一不是江南木床中的精品。同时，它们从一个侧面反映了我国劳动人民的高超工艺，以及对艺术的感悟力和对结构造型的丰富想象力。

木雕床细节

三、厅上有厅"朱家厅"

朱家厅坐落于西栅通济桥东，始建于清嘉庆十八年（1813年），历经20多代，为朱祖文质公所造，至今已有180多年的历史。该厅坐北朝南，分上、中、下三进，为二井四厢砖木结构，不仅汇集了大宅院的特色，而且也是乌镇独一无二的一个厅。整个厅四周高墙，大门向南，进门有宽敞的石板庭院，东西有两厢亭。乌镇的房屋大都是砖木结构，虽有"墙倒屋不垮"的优点，但火灾始终是一大隐患。有鉴于此，朱家厅的主人聘请当时建筑宫廷的高手建造了厅上有楼的独特建筑，一来避免火灾，二来可以隔音，不影响楼下生意，因此，朱家厅又有"厅上厅"之称。两厅均用4根立柱支撑，楼厅主柱立于鼓形础石上，厅内全部用方砖铺地，朝南是落地长窗，北面为屏门。沿街左右各有挂柱两个，雕镂成大花篮状。长窗板上亦刻有人物花卉图案，楼窗图案为"二十四孝图"，楼下图案是"岳飞故事"，构图错落有致，雕工精细，具有清末民初建筑风格的特色。

朱家厅的正堂名肇庆堂，屋主弃官从商后做起了珠宝生意，并把珠宝行取名为"肇庆堂"。由于朱家的珠宝做工精细、质量可靠，当时在江南一带是一块响当当的招牌，当地百姓筹备婚事，必购"肇庆堂"珠宝饰品。如今的朱家厅里，还展出许多珍藏至今的金银饰品，其精美工艺与现代机械加工的饰物相比毫不逊色。

朱家厅透着一缕精致和典雅，是江南小镇殷实人家的理想家园。

四、民俗风情馆"金家厅"

金家厅临街而筑，三开五进，是典型的小康之家宅第。与紧邻的王家厅一并被辟为"乌镇民俗风情馆"。其通过衣俗、节俗、婚俗、寿俗四大部分展示了晚清至民国时期乌镇民间有关寿庆礼仪、婚育习俗和岁时节令等民俗。

厚德堂

金家厅一进为寿俗厅。寿俗厅以老人祝寿为主题，通过厅堂的吉庆布置和字画、寿幛、寿桃、寿面等特有的做寿物品，展示了敬老尊老的中华传统。二进为衣俗厅。衣俗厅以实物、蜡像、照片等不同手段展示百余年前江南民间的穿着习俗，可以从中西合璧的风格中窥视历史的缩影。三进为节俗厅。节俗厅通过一年不同节气中乌镇人不同的生活习俗，如春节拜年、元宵走桥、清明香市、立夏称人、端午吃粽、水龙大会、天贶晒虫、中元河灯、中秋赏月、重阳登高、冬至祭祖等，生动地展示了一幅江南水乡风情长卷。四进着重展示了乌镇过年的风俗活动和商家大年初四的拜利市、接财神场景。

王家厅为婚俗厅。婚俗厅以喜堂拜堂为中心，通过新人、媒婆、父母等人物以及花轿、嫁妆等实物展示婚庆的热闹场景。

古代婚俗场景模拟

五、书画门面"张家厅"

张家厅位于南栅复兴桥北，是曾以"富甲全镇"而闻名的"张同盛商行"老板张厚堂的住宅。在乌镇有"徐东号的牌子，张同盛的银子"之说，可见张家的富有。

张家厅以陪弄为界，分为南北两个部分，现保存较完好的是北部的堂楼。楼上、楼下正面都是一排落地长窗，门、窗、柱、梁等处全是精美的木雕，或花篮，或奇草，雕刻精细、刀刀入目。

张家厅门扇

张家厅更有一个独特之处，那就是它的六扇堂梯门，门上都嵌有传统书画作品。每扇门上，画、书法、印章一应俱全。如第一扇雕的是"渔翁独钓图"，并配刻"西塞山前白鹭飞，桃花流水鳜鱼肥。青箬笠，绿蓑衣，斜风细雨不须归"唐诗一首。

以字画为装饰雕刻在门上，在乌镇可谓独此一家。

知识小百科

厅

多出现在古代园林、宅第中，具有小型公共建筑的性质，用以会客、宴请、观赏花木。因此，室内空间较大，门窗装饰考究，造型典雅、端庄，前后多置花木、叠石，使人置身厅内就能欣赏园林景色。

第三节 墨香纸气 大师家园

一、茅盾故居

茅盾故居位于乌镇观前街和新华路交界转角处，坐北朝南，是我国江南一带常见的传统木构架民居建筑，前后有两幢房屋，因购买时间的先后，东单元称"老屋"，西单元称"新屋"。老屋的3间平房为茅盾的卧室、书房和会客室。屋边有一小庭园，内栽棕榈、天竺、冬青、扁柏和果藤。其书房虽处于市中，却是个闹中取静、环境幽雅的地方。新屋是两层小楼，用作厨房、饭堂、起居室。

茅盾故居虽然没有大户人家的气派，但客厅、卧室、书房，简简单单散发着沈氏家族世代书香所特有的儒雅之气。大门上方高悬着陈云亲笔题写的"茅盾故居"匾额。门厅中安放着茅盾握笔沉思的铜像，展示了其"胸藏万汇凭吞

茅盾故居室内陈设

茅盾故居

吐,笔有千钧任歙张"的文豪形象。前楼上有茅盾父母的卧室,室内陈设简易,临窗有一书桌,上面放着文房四宝,茅盾就是在这里接受母亲启蒙教育的。

　　乌镇对于茅盾来说是生命中永远无法抹去的印记。他的《多角关系》《林家铺子》《春蚕》《秋收》《残冬》等都是在故居的书斋中创作而成,都有乌镇的方言、乌镇的气息、乌镇的影子。

二、立志书院

　　立志书院坐落在茅盾故居的东侧,前身是名震嘉湖的分水书院。"立志书院"一名源自程朱理学家、乡贤张扬园的治学格言"大凡为学尤须立志"。

立志书院前起观前街，后至观后街，直落五进。今天的书院基本保持了当时的面貌。大门的门楣上嵌着"立志"二字，两旁的柱联是院名的注解"先立乎其大，有志者竟成"。进门穿越过道，就见一个小天井，内植桂花树，隐含"蟾宫折桂""荣登桂榜"之意。过天井是讲堂，上悬"有志竟成"匾额，乃浙江布政使杨昌浚所题，两边一副楹联是国学大师俞曲园所撰写："分水旧规模，但愿闻风皆立志；殳山钟秀杰，定知异日有成材。"

立志书院

从光绪二十四年（1898年）开始，朝廷变法维新，各地纷纷创办新学，很多旧式书院也改为新式学堂。光绪二十八年（1902年），当时的山长卢小菊顺应时代潮流，将立志书院改为学堂，茅盾幼年时就曾就读于此。

三、文昌阁

立志书院门前河埠上有一幢飞檐翘角的楼阁，就是立志书院的附属建筑——文昌阁。立志书院与文昌阁之间，仅隔一条不宽的观前街。

文昌阁上为楼阁，下为通道，在20平方米的楼阁里，立着"大成至圣先师孔子"的排位，供着掌管天下文章的魁星。茅盾

立志书院楼阁

第二章　江南封面——乌镇 / 33

小时候常爬到阁楼上看野景。

读书人到文昌阁，一般都由下人陪同乘坐小船前来。小船就泊在阁下的河埠边，读书人上楼，下人就在过道两旁的长凳上坐着等候。清末科举废止，文昌阁便成了镇上人游玩的地方，同时由于长期以来造就的中心地位，这里又是镇上人新闻传播的中心。

四、锦兴斋

锦兴斋纸扎店坐落在乌镇观前街下岸，位于茅盾故居东邻。茅盾的祖父沈砚耕当年常到纸扎店玩，坐在店门口那张高脚凳上，一边捧着白铜水烟袋吸水烟，一边跟嵇老板闲谈。从街坊传出的家庭琐事到茶馆里听来的社会新闻无所不谈。茅盾在作品《冥屋》中曾写道，纸扎店"厅里的字画，他都请教了镇上的画师和书家"。在这些"书家"中，就有茅盾的祖父沈砚耕。沈砚耕的毛笔字在镇上是颇有名气的，他常常应嵇老板的邀请在纸扎品上题字。

茅盾的祖父沈砚耕不仅帮锦兴斋写对联，还为锦兴斋写过告示。这是因为沈砚耕平时喜欢玩一点麻将之类的娱乐活动，而锦兴斋老板嵇琴甫也有此爱好，于是两人常常同玩。可是，嵇老板对丢下纸扎店生意不管而心感不安。因此，便请沈砚耕写了一纸告示，张贴在店堂门上。告示全文是："有事出门，暂停三日。"后来，这张告示被程阿和收藏起来，这是沈砚耕留下的唯一珍贵手迹。

锦兴斋纸扎店还扎糊风筝，有豆腐鹞、燕子鹞、蝴蝶鹞等。茅盾小时候，每逢清明节跟随家人到乌镇东栅乡下上坟时，总要到锦兴斋买只纸鹞带去放飞。

知识小百科

茅盾与林家铺子

林家铺子是位于东栅景区观前街兴华桥的一家商店,是因茅盾的同名小说《林家铺子》而建。《林家铺子》是茅盾代表作之一,具有很大的影响力。来乌镇的游客倘若找不到大名鼎鼎的林家铺子,将是非常遗憾的。所以严格遵守"修旧如旧"古镇保护原则的乌镇,破例专门建了这么一个店铺。

茅盾故居　文化展示

第四节 萧寺钟声 禅阁梵音

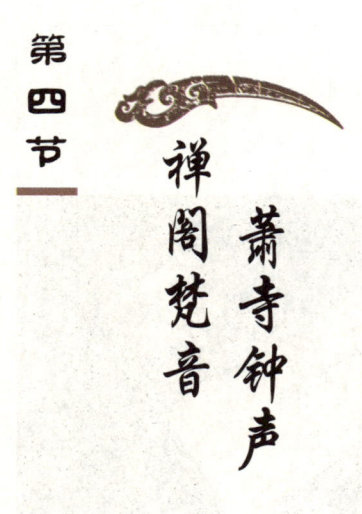

一、尘嚣中的隐地"修真观"

乌镇的道教文化历史悠久，民间崇道之风源于1000多年前，道士张洞明在此结庐，修真得道，民间为此创建"修真观"。观成，有青鸾飞临，翔跃于修真观上空，镇上人以为神奇，争来观看，一时间，修真观名气大增。自古以来，修真观与苏州玄妙观、濮院翔云观并称江南三大道观，地位极为崇高。

修真观布局宏阔、气宇轩昂，山门前的广场以石板垒筑而成，地势开阔，位处镇中，广场上还设有长廊石座，是镇上人迎庙会、看神戏、唠家常、曝日头的绝佳所在。修真观的主体建筑基本沿一条对准戏台的中轴线展开，共设三进，一进为山门，二进是东岳大殿，三进为玉皇阁。两边分设十殿阎王、瘟元帅、财神等

修真观

配殿；山门前的广场也依旧开阔宏畅。修真观的山门正门上方挂有一特大算盘，下方有一副对联"人有千算，天则一算"，极具警世意味。

其中最值得一看的当数戏台。修真观戏台是道观的附属建筑，建于清乾隆十四年（1749年），占地204平方米，北隔观前街与修真观相对，南临东市河，东倚兴华桥。戏台为歇山式屋顶，飞檐翘角，庄重中透着秀逸。梁柱之间的雀替均为精致的木雕，艺术价值极高。台为两层，底层用砖石围砌，进出有边门和前门。边门通河埠，底层后部有小梯通楼台，亦可通过翻板门从河埠下到船里。楼台分前后两部分，后部是化妆室，雕花矮窗，宽敞明亮；前部是戏台，正对广场。演出区前檐中间悬一横额"以古为鉴"，戏台两边台柱有对联一副："锣鼓一场，唤醒人间春梦；宫商两音，传来天上神仙。"

旧时，正月初五的迎财神会、三月二十八的迎东岳庙会、五月十五的迎瘟元帅会等，都要在戏台演神戏，招待修真观中的诸神。平时，还演出一些"罚戏"。罚戏是乌镇解决纠纷的一种传统方法，凡有人损害公益犯了众怒的话，当事人得出钱请戏班子在神前演戏，以示忏悔。

乌镇剧院

知识小百科

雀替

雀替，又称角替，是中国传统建筑所特有的精华部位，具有极高的历史文化价值和美学艺术价值。雀替是和传统建筑同生共长、密不

可分的。

中国传统建筑中，檐下构件部分的雕刻最为突出，也是展示建筑雕刻的主要部位。雀替是位于檐下、柱头与梁枋交搭处的建筑构件，具有支撑和装饰两种功能。

雀 替

据推测，雀替是由拱形替木演变而来，最初是从柱内伸延出来承托额枋，有减少额枋的跨度、增大额枋榫子所受剪力及拉接额枋的作用。一般呈对称形式，就像展开的双翼，附于柱子的两侧。

二、宗教和文化并重的寺院"石佛寺"

石佛寺又称福田寺，始建于梁代，几经兴废，清同治、光绪年间再建。寺内供奉的3尊石佛，民间传说是水上漂来的，因此寺内还挂了块"水上浮来"的匾额。可惜原有的石佛毁于"文化大革命"期间，现有的3尊是按原样雕刻的，每尊高5米有余，雕工精巧、气势不凡。

石佛寺

石佛寺的布局正面中路为山门，山门内左右分别为钟楼、鼓楼，正面是天王殿，殿内有四大金刚塑像，后面依次为大雄宝殿和藏经楼，僧房、斋堂则分列正中路左右两侧。大雄宝殿是佛寺中最重要、最庞大的建筑，"大雄"即为佛祖释迦牟尼。前后建筑起承转合，宛若一曲前呼后应、气韵生动的乐章。石佛寺之美就响应在松柏、流水、殿落与亭廊的相互呼应之间，含蓄温润，展示出组合变换所赋予的和谐、宁静及韵味。

　　石佛寺是宗教和文化并重的寺院，在嘉兴所有的寺院中，如以文化而论，当以石佛寺为第一。自古以来，文人墨客喜欢游历名山大川，石佛寺的幽静禅意亦吸引了文人驻足寓居。自明末以来，在石佛寺隐居或留有诗作的人有数十个之多，其中有岳飞后代嘉兴知府岳元声，闻名于世的大收藏家项元汴，与董其昌齐名的著名文人画家李日华，明亡后被称作"海内三遗民"之一、以制"槜李匏尊"闻名的巢鸣盛，大文豪朱彝尊与其祖父朱国祚，知名文士彭孙贻等。

三、千乘禅院"福严寺"

　　福严寺，建于南朝梁天监二年（503年），距今已有1500多年的历史了，是货真价实的千年古刹。

　　福严寺环境幽雅，寺前甬道，松柏成荫；寺后小山，修篁滴翠。综观全寺，前有朱垣围绕，后有绿水护寺，静穆庄严，佛氛纯正。步入寺院，顿感远离尘俗，心神飘逸，所以历来是人们游览寻访的胜

福严寺

大雄宝殿

迹，尤为名人雅士、词客骚人所喜欢。

福严寺历经数朝，留下了不少文物古玩，重要的有绉云石、石补钟、阴阳镜、释迦玉佛、马皮鼓、五百罗汉、玉晖金铣匾，被称为"福严寺七宝"。此外还有不少碑碣。历代名人书画，亦收藏不少。

1000多年来，福严寺高僧辈出，宋代的真觉，清代的费隐、净念上人，晚清的智南，民国初年的古华，抗战时期的性空、性显，都是法誉极隆的佛界名流，他们为福严寺的发展，做出了重要的贡献。

福严寺一直以来还是避暑胜地，所以与许多名人结下了不解之缘。宋朝大诗人杨万里曾来寺游览，作有《崇德道中望福严寺》一诗。近代改良主义先驱康有为曾在戊戌变法失败后来此避难，并留有对联。黄花岗烈士林觉民、林尹民兄弟曾几度来寺游览。清末画家蒲华长期寄寓寺内，作有名画《绉云石图》。现代漫画大师丰子恺蛰居故乡石门时，更是常来常往。

每年农历六月二十八，是福严寺的香讯，此日前后约10天，福严寺热闹非凡，香客、游人、商贾、艺人，人山人海，摩肩接踵。寺里香烟缭绕，灯烛辉煌，素有"小普陀"之称。

福严寺

1983年，福严寺开始重建。1992年6月，在党和政府的关怀下，福严寺重新开放。2001年，又建造了福严佛教文化苑，新增了许多景点。现在，游人如织，又成了海内外人们朝拜、旅游、参观的名胜古迹。

第五节　乡土韵味　水乡情怀

一、蚕花习俗

　　乌镇地处杭嘉湖平原，土地肥沃，养蚕是这一带农民的主要产业，蚕花的好坏直接关系到农民的收入和这一年的生活。对于重要的东西，人们便会设立一些禁忌，很多生活习惯也会围绕着它而变化，甚至娱乐也离不开它。久而久之，便形成了乌镇一系列有关蚕花的风俗习惯。

乌镇风貌

赞蚕花　每年春季养蚕前夕，常有一些民间艺人背着竹篓，篓里放着一条无毒黄蟒蛇，来到蚕农家门口，口中唱道："青龙到，蚕花好，去年来了到今朝，看看黄蟒龙蛇到，蚕花二十四分稳牢牢。"一边唱一边将黄蟒蛇捉出来放到蚕农家堂屋里，任其游走，唱毕再捉回篓中。蚕农则以丝绵或米相谢。此即"赞蚕花"，可致蚕花获得好收成。

蚕花绵兜　旧时蚕农家中生了小孩，有用蚕花绵兜给小孩翻制棉衣的习俗。传说小孩穿了用蚕花绵兜翻制的棉衣，可无病无灾。老人过世后，晚辈往往要用几只绵兜，由夫妻二人扯松后一层层覆盖在死者身上，死者在阴间也会保佑后代。

望山头　当蚕宝宝经过四眠，开始爬上草龙结茧子时（蚕农称之为"上山"），新近嫁出过女儿的蚕农家都要准备猪肉、黄鱼、软糕、枇杷等礼品去女儿家探望蚕宝宝上山的情形，俗称"望山头"。

轧蚕花　每年清明时节，蚕乡都要举行迎蚕花庙会。在这些迎蚕花会上，蚕娘们佩戴用纸或绢做的蚕花，在庙会上走走轧轧，祈求带回蚕花喜气，这就叫轧蚕花。

撒蚕花　大喜之日，新娘的花轿抬到新郎家门口，喜娘搀新娘出轿时，男家要向新娘身上撒些钱币，这钱币名曰"蚕花铜钿"，此举称为"撒蚕花"或"蚕花铜钿"。

高竿船　是指与蚕乡风俗有关的一种娱乐形式，同时也是桐乡乌镇特有的民间体育活动。停泊在河面的大船中央放置着一个巨型石臼，上插一根硕大的毛竹。毛竹下方有4根短毛竹从4个方向加以固定，表演时又由几名壮汉辅助控

高竿船

制毛竹。表演者爬上竹竿梢时，毛竹便弯成90度的钩形，在人体重力的作用下颤颤悠悠的，令观者的心也跟着颤悠。高竿船的表演者一般身着白色服装，象征蚕宝宝的形象。表演动作有金猴望月、鹞子翻身、倒竖蜻蜓、单臂吊立等，真是惊险加精彩。高竿船表演寄寓人们期盼蚕儿健壮、蚕市大吉的愿望。

二、清明香市

"香市"是江南一带地方特有的民间民俗活动。远在古时，乌镇农家们以种桑养蚕为生，每年清明至谷雨时分，四里八乡的农民趁着农闲，齐聚镇上，去往寺庙烧香祈求蚕桑丰收，世世代代，相沿成俗，遂有了"香市"。"香市"一般在历年清明至谷雨时分举行，其间各路商贾，各种戏班子、杂耍云集市中，古戏台上鼓乐齐鸣，台下人头攒动，热闹非凡，足足可闹上半月有余。茅盾先生曾描绘："从前农村还是'桃源'的时候，这'香市'就是农村的狂欢节。"

蚕花会 古时养蚕靠天时，求神灵庇佑。清明夜晚开始设祭斋蚕神。水上蚕花会起源于南宋年间，至今已有800多年历史，是当地蚕农祈求蚕桑丰收的重要民俗仪式。蚕花会上民间艺术、水上竞技、风俗表演一应俱全：龙蚕船上蚕神娘娘手捧蚕花，祝福蚕农田茂、风调雨顺、国泰民安；缫丝船上农妇熟练地表演缫丝、织布、打棉线等传统工艺；蚕凳龙船由无数把蚕凳连接而成，远远看去有如双龙腾飞。

踏白船 "香市"既是祈蚕的习

踏白船

俗，也是民间竞技活动。年轻人将船改装，挑四橹两舷排桨，宛若龙舟，行驶迅疾。"踏白船"的特点之一就是船艄上向船外两侧水面"出跳"，即各伸出一块跳板，跳板上一般踏立着身强力壮的汉子，双手紧抓住橹绷，与橹手相对一起用力推、扳。

水乡婚礼 乌镇旧俗婚嫁重排场仪式。迎亲时，新人披红挂彩，接亲人抬着花轿在岸边走，彩船带着嫁妆在河里行，水陆两道，鼓乐悠扬。

三、水阁茶馆

乌镇人爱茶，这是一种从骨子里流淌出来的性情。乌镇的茶馆大都设在水阁里，一面傍河，一面临街，有种闹中取静的味道。

茶客一般都有固定的座位。倚窗而坐的多半是外来的游人，可以一边喝茶一边怀想江南的温柔；坐在前排的往往是上了年纪的茶客，以方便听戏说书；位居中心、侃侃而谈的则是镇上的消息灵通人士，大到国计民生，小到市井故事，件件说得活灵活现。

茶客的身份不同，喝茶也会分出等第。有钱的游人喝狮峰龙井、洞庭碧螺春；没钱的要些今年的春茶，并不在意什么名目；本地的妇人会叫香豆茶，几颗碧绿的烘青豆，一撮橘红色的胡萝卜丝，开水冲下去便冒出幽香。

传统商铺区的访卢阁茶馆，是乌镇人口中茶馆的代名词。相传"茶圣"陆羽听说卢仝对茶也很有研究，特地造访，访卢阁便是两人切磋茶艺的场所。乌镇茶馆最多时有60多家，访卢阁一直是最好的一家。

水阁茶楼

知识小百科

姑嫂饼

　　乌镇姑嫂饼是桐乡乌镇的传统名点。据《乌青镇志》记载，距今已有100多年的历史。姑嫂饼形状酷似棋子饼，比棋子饼略大。所有配料跟酥糖相仿，也是面粉、白糖、芝麻、猪油等，但其味比酥糖果可口，具有油而不腻、酥而不散、既香又糯、甜中带咸的特点。

　　据说在100多年前，乌镇方家有个名叫"方天顺"的夫妻茶食店，祖上学得一手制作酥糖的好手艺。为了保持独家经营，方家制定了关键技术传媳不传女的家规。也不知传到了第几代，这方家生有一男一女，儿子已讨了媳妇，女儿尚未出嫁。那方某当然是继承祖训，不肯将技艺传给女儿。日子久了，那姑娘不免会产生嫉恨。于是趁嫂嫂不注意时将一包盐放入了盛放作料的粉缸，准备看嫂嫂的尴尬。没想到第二天"椒盐酥糖"大卖。经一家人商议后，便给新产品取了个意味深长的名字——姑嫂饼。

第三章

江浙雄镇——南浔

第一节 碧水环绕 小桥石驳

一、水：古镇的灵韵

　　来到水乡，水便是风景了。水乡的水，是一种血液，流淌在水乡的灵魂里。依河傍水的南浔就如同养在水里，灵动而隽永。密集于河网上的

南浔古镇风光

石拱桥、石驳岸、石码头、石扶栏、石基墩与河里倒影中的白粉墙、青黛瓦相映成趣。

"市井繁埠，商贾辐辏，水市千家聚，商渔舟结邻。"水，将南浔滋养成了一个具有灵性的小镇。南宋以来，南浔就是"水陆冲之要地"。明万历至清中叶，由于蚕丝业的兴起和商品经济的发展，南浔经济空前繁荣鼎盛。清末民初南浔成为全国蚕丝贸易中心，一跃成为江浙雄镇，富豪达数百家，民间俗称"四象、八牛、七十二黄金狗"。

南浔的水是灵动的，它还孕育了一批爱书崇文的人，造就了南浔人博大的胸怀，培育了南浔人爱书读书、热爱文化的独特气质。

南浔古镇

这一切都源于水的滋养，有了水，古镇才有了灵韵。

知识小百科

四象、八牛、七十二黄金狗

所谓"四象、八牛、七十二黄金狗"者，皆资本雄厚，或自为丝通事，或有近亲为丝通事者。财产达百万以上者称之曰"象"；50万以上不过百万者，称之曰"牛"；其在20万以上不达50万者则譬之曰"狗"。所谓"象""牛""狗"，皆以其身躯之大小，象征丝商财产之巨细也。南浔"四象、八牛"之说，属于民间说法，根本无正规的统计和详细记载，"七十二黄金狗"仅仅是泛指。

二、桥：古镇的魂魄

水怡人，桥可人。南浔的桥壮观、厚重、敦实，不随意，讲究布局与格调。在历史上，南浔镇上最多的时候有大、小桥梁195座，而且每座桥都有诗与画的题材，如清风桥、明月桥、通津桥、便民桥等。桥名都有对仗，且桥上刻有楹联，写景抒情，都出自名人手笔。现在虽然很多的桥已经不复存在，但还有些桥依然风姿绰约地倚立在河上。其中最著名的要数"南浔三古桥"，即广惠桥、通津桥和洪济桥。

广惠桥地理位置优越，地处南浔古镇中心，在这里有一个宫廷式建筑叫广惠宫，桥在广惠宫前面，广惠桥因此而得名。广惠桥

广惠桥

前有一对精工雕刻的石狮子，狮子分雌雄两座，雌狮怀中有一幼狮，雄狮怀中有一镂空绣球，姿态可掬，栩栩如生。这对石狮子宛如浮雕，富有立体感。特别是幼狮口中有一石珠可转动，但不能取出。据南浔丝业界老人说，这对石狮子是青团老石工及祖孙三代花3年时间完成的，也是老石工最后的杰作，是一件具有文物价值的艺术品。

通津桥位于镇东大街古运河十字形水系的交叉点上，历史上是辑里丝集散中心的"咽喉"。"听道今年丝价好，通津桥外贩船多"，正是对于此桥地理位置重要性的写照。通津桥建于宋代（年代已失考），为单孔石拱桥，原名浔溪桥，后改名通津桥，俗称大桥。清嘉庆三年（1798年）重建，咸丰五年（1855年）整修，同治五年（1866年）又修。桥长28米，宽4米，拱高7.6米，上下各有踏步33级，拱卷石采用纵联分节并列砌置的方法。

通津桥

1989年3月，通津桥被列为湖州市文物保护单位。

洪济桥位于南关石坡下，始建于金大定二十三年（1183年），历代多次修缮，我们今天看到的洪济桥是乾隆十六年（1751年）

洪济桥

第三章 江浙雄镇——南浔 / 51

以后的形制。此桥为石券单孔拱桥，券顶雕有一个吐水的龙首，东西走向，南北宽7.2米，东西长14.2米。桥上的16根石柱凌空架起东西纵向的桥廊5间，木石结构，至今保存完整。整座桥结构奇妙、古朴大方，既轩敞方便车马行人通过，又视野开阔利于游客凭栏眺望。现在桥上悬挂的"洪济桥"匾额为民国九年（1920年）时任县长纪泽蒲所书。据说桥上建廊国内少有，而以石为柱更为罕见，不失为桥梁建筑中的精品。

三、青石板：古镇的基石

南浔厚重的历史文化感，清幽脱俗的水乡气质，除了灵动的水和古色古香的小桥的装扮外，更离不开青石板的点缀。

无论是小弄两边高高的砖墙，还是波光潋滟的市河，卷门洞前的古街区，都打上了青石板的印记。青石板的岁月留痕让小弄显得更加深邃；市井化的生活环境里嵌着的青色石块成了时尚；古街区老人们坐过的石板凳上留下了小镇过往的生活细节。

石板路

被青石板装点的南浔更具有时代的沧桑和历史的厚重。石板路上,行走着中国历史上最早的丝商群体,行走着中国早期的政治家和中国民族工业最早的资本家与实业家。这石板路铺出了南浔深沉而富有的内涵。青石是南浔古镇的基石,是南浔的精神所在。

第二节 丝绸之府 文化之邦

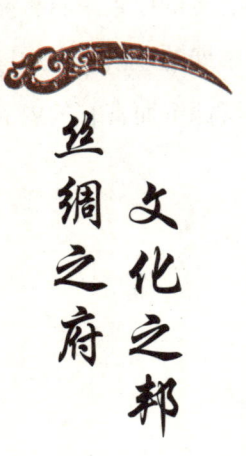

> 南浔一为丝，一为书，世人称之为『诗（丝）书之乡』。

一、曾经繁荣的丝市

湖州是我国最早的蚕桑丝绸产地，4700多年前，湖州的先民就已经开始从事种桑、养蚕、缫丝和织绸等活动。蚕丝发达的湖州又以南浔辑里丝为最。南浔辑里村位于太湖南岸，这里河流纵横，土质黏韧，构成了养蚕、缫丝的良好自然条件。南浔的辑里丝有着"细、圆、匀、坚"和"白、净、柔、韧"的特点。有"水重丝韧"这样一种说法，意思是辑里河水较其他地方每10斤必重2两，所以说，此水所缫的辑里丝最具韧性。

南浔桑丝产业

南浔的辑里丝在明朝就已美名远扬，至清代更是名震中外。从康熙起，清代帝王后妃的龙袍凤衣必须以辑里丝为原料。道光年间，英国女皇维多利亚生日，有人把辑里丝作为礼品献上，女皇爱不释手。清末至民初，辑里丝在国内外多次获奖。1851年的第一届伦敦世博会上，代表中国参展的唯一产品荣记湖丝一举摘得金银奖牌各一枚。1910年，辑里丝13个品牌，在南洋劝业会评比中获得一、二等商勋和超等、优等奖。1911年，辑里丝在意大利展览会上获一等奖。1915年，在巴拿马万国博览会上，辑里丝与贵州茅台酒同获金奖。1930年，在第一次西湖国际博览会上辑里丝又获得特等奖。南浔辑里丝的发展可称得上登峰造极了。

二、崇文重教的镇风

南浔五园的园主，无一不是经营蚕丝发家的，这个蚕丝王国，织出了锦缎般的富有和锦缎般的诗韵。南浔的商贾富豪，既善于创造财富，又重视传承文化，认为读书是一辈子的事，也是最重要的事。所以他们鼓励后代子孙勤奋学习，后代子孙中因此出现了很多文化界和产官学界的名人。南浔文化昌盛，人才辈出，有"九里三阁老，十里两尚书"之称。据统计，宋、明、清三代南浔籍进士41人；宋、元、明、清时期，京官56人；明、清两代任全国各地州县官57人；南宋至民国，在全国有影响的专家、学者有80多人。

历史上，南浔有"诗书之邦"和"镇志之乡"的美誉，许多名人著书立说，研究成果丰硕。如朱国祯著有《涌幢小品》《明史概》《皇明纪传》等；董斯张著有《吴兴备志》《广博物志》《七国考》等；陈忱著有《后水浒》；董说著有《易发》《西游补》以及大量诗集。清代有著述问世的南浔人达280余人之多，这些著述中许多是具有较高价值的学术论著，如"南浔三先生"之一的施国祁撰有《金史详校》《金源札记》等；邢典撰有《书城杂著》等；杨凤苞撰有《十八家晋史纂》《补

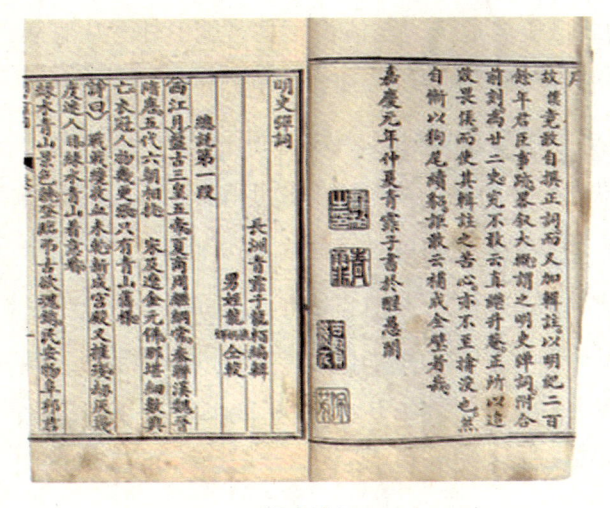

明史谈词

正湖州诗录》；沈轰撰有《新疆私议》等；董蠡舟撰有《三国志杂校》《补五代史汇误》《十六国史撼逸》等；董恂撰有《古今医籍备考》《两宋宫闱词》《南浔蚕桑乐府》等；沈鹍撰有《地道记》《台湾郑氏始末注》等；纪南星撰有《痘科集腋》等。明末至民国，撰写镇志蔚然成风，南浔镇志达10余部之多。总之，南浔名人著述不胜枚举，其学术研究及著述领域包括经史、天文、史地、志书、水利、农艺、蚕桑、医学、乐律、音韵、六书、金石、书画、诗词等。有史家说，南浔"书声与机杼声往往夜分相续"，诚不为过。

南浔作为一处文化宝藏，存有一处历史绕不过去的文化泥潭——清代最大的文字狱"明史案"。清顺治年间，南浔富豪庄允城的长子庄廷龙买下朱国桢的《明史》书稿，拟编写明史，渴望成为名垂千古的史学家，但不久病故。父亲为了完成儿子的遗愿，聘请江浙名人编撰此书。《明史》产生于改朝换代时期，又出自一群充满抗清复明意识的江南名士之手，因此政治烙印十分深刻，由此埋下了祸根。被罢职的知县吴之荣发现此事后，进京告发庄氏"私编明史，毁谤朝廷"。鳌拜当即派出钦差大臣追查。庄家全族15岁以上的尽数处斩，因此案入狱者2000余人，审讯后定死刑70多人，其中参与校阅的18人被凌迟处死。此案震惊整个江南。为当一个文化人，为了给南浔书架上添一本薄书，无数人用头颅铺出了一条拜儒之路。

知识小百科

董说与《西游补》

董说,明末小说家,一生著作繁富。《西游补》是其影响较大的一部小说。《西游补》共16回,是一部具有现实意义的神话小说。内容写唐僧师徒过火焰山后,孙悟空被鲭鱼气所迷,进入梦幻世界的各种奇幻经历,刻画种种社会世相,以委婉而尖锐的笔调揭露和讽刺现实。

小说贬斥了醉生梦死、奢侈享乐的风流天子生活;描绘了热衷于功名富贵的封建士子的种种丑态,概括了科举制度下失意知识分子的悲惨命运;对庸碌无能、自我吹嘘的"英雄"和"名士"投以嘲讽;还表现了对秦桧一类奸臣贼子的切齿痛恨和对岳飞等忠贞之士的无限仰慕。小说想象丰富、造境新奇、语言生动、讽刺辛辣,具有幽默诙谐的特色。

第三节 园林巨物 风景绝美

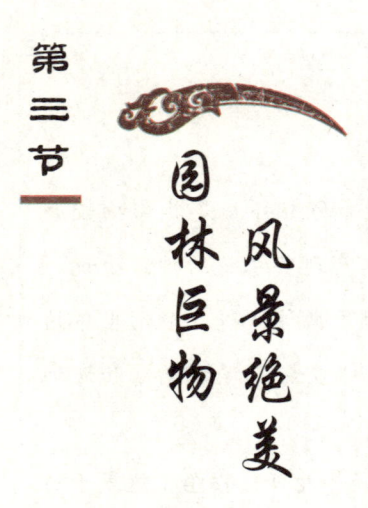

一、水巷蜿蜒"百间楼"

百间楼是江南水乡至今保存最为完整的沿河民宅群之一，始建于明代中叶。相传是明代礼部尚书董份所建。因一河两岸有楼房百间左右，故而得名。民间传董份第五个孙子和南浔白华楼主茅坤结成姻亲，但是

百间楼

茅家说有100个陪嫁的婢女，嫌董家的房子不够宽敞，于是董家就造了100间楼房，每名婢女各住一间。因此，百间楼实则是家仆奴婢的住房，后来成了民居或商铺。

百间楼所临的河本是运河，通湖州和苏州。相传西施去姑苏，路过南浔，在此借宿，并在长板桥侧的小河洗了脸，因此把这个地方取名"洗粉兜"，一直沿用至今。

百间楼基本保持着明清时的格局，白墙青瓦，骑楼沿廊，水埠券门。最富特色的是高耸的风火山墙，云式、观音兜式、三叠马头墙式……林林总总。

百间楼一条街，清代中叶是繁荣的商业区，前店后宅，沿街面的一进开店铺，后进做住宅。大户人家的住宅三四进，两个天井，一般人家两进1个天井。大部分房屋都有楼层，屋门临街都搭有廊房，沿河立有廊柱，跨街搭盖屋顶，铺有屋瓦，有跨街建屋成骑楼式者，有侧山墙落地上开券门者，加上整齐的条石驳岸，驳岸上林立的河埠，构成江南水乡民俗风情长长的画卷。

知识小百科

风火山墙

山墙即房子两侧上部成山尖形的墙面，造型随屋顶形式不同而不同。常见的山墙有风火山墙，其特点是两侧山墙高出屋面，随屋顶的斜坡面而呈阶梯形。

古建筑中屋面以中间横向正脊为界分

古建筑中的风火山墙

前后两面坡，左右两面山墙或与屋面平齐，或高出屋面。高出的山墙称风火山墙，其主要作用是防止火灾发生时，火势顺房蔓延。从外形看颇具风格。

二、宏屋巨宅"二张故居"

"二张故居"是指张石铭旧宅和张静江故居。

张石铭是南浔"四象"之一张颂贤的孙子，祖上世代经商，是中国早期对外贸易的商人之一，也是清末民初四大收藏家之一。张石铭旧宅是在清光绪年间诗人董说的老屋基础上加以改建的，又名"懿德堂"。整个大宅占地4792平方米，建筑面积6137平方米，有五落四进和中西各式房间150间，是由江南传统格局与西欧建筑风格组成的。大宅富丽堂皇、建筑气势宏伟、工艺出色精湛，可谓江南一带最大、最具欧陆风格的私家宅院，被誉为"江南第一宅"。

张石铭旧宅正门内为轿厅，有腰门与后进相通，二进院正门为大厅，面宽3间，名"懿德堂"，堂匾是甲午状元张謇所书写。大厅后为堂楼，

懿德堂

是女主人的接待室，所以又叫作女楼，楼上供女眷居住。三进为内厅，厅前天井中有一奇石，名"鹰石"，因石头的形状像展翅的雄鹰而得名，是南浔三大奇石之一。四进为西式洋楼和西洋舞厅，建筑材料和装饰材料都是从法国进口的。五进为后花园，园中碑廊镶嵌着自东晋王羲之至清代何焯等数十名书坛名家的墨宝，展示了我国1000多年来书法艺术的精华。

张石铭旧宅中的一些建筑样式和建筑材料在现今的欧洲也相当罕见，有的甚至已失传。书房"释是居"和账房铺的是法国地砖；女厅楼窗使用的是法国进口的蓝晶刻花玻璃，镶嵌的全是菱形蓝色印花图案，外见不到里，里能见到外，此玻璃在法国现已不见其踪影，极为宝贵。最令人叹服的是"西洋楼"，体现了欧洲18世纪的巴洛克建筑风格。整修一新的壁炉和炉前3幅瓷砖画典雅精致，科林斯铁柱头庄重有力，罗马立柱气势不凡。更令人意想不到的是，"西洋楼"里面居然还有一个设有化妆间、更衣室的豪华舞厅。全盘欧化的建筑，使人们可以窥探到西风东渐的进程。

张静江也是张颂贤的孙子，是"国民党四大元老"之一，孙中山曾题"丹心侠骨"相赠。张静江故居又名"尊德堂"，于清光绪二十四年

尊德堂

（1898年）所建。故居保持着清代传统三进5间式的古建筑风格，一进有1厅5室，每进之间各有天井，每进一堂便递高一级，俗称步步高升。每进连有防火用的直式火巷。故居显露出一种豪华、古朴、幽深的遗风。风火墙高于屋顶，坡面屋顶覆盖着龙鳞般的小青瓦，屋檐口加盖既利于排水又能防风的滴水瓦。室内宛若宫殿，雕刻十分精湛，以戏文、民俗图案为主，崇尚一种古朴、自然美，可谓江南一绝。

故居是典型的宏门豪宅风格。一进大厅是正厅，正厅上悬挂着南通张謇题写的黑漆金字"尊德堂"堂匾。两侧是孙中山题写的一副楹联："满堂花醉三千客，一剑寒霜四十州。"抱柱对联"世上几百年旧家无非积德，天下第一件好事还是读书"为同治、光绪二帝的老师翁同龢所写。边厅结构为双层，冬暖夏凉，用来接待一般的客人。有几幅张静江的书法，其中有一幅"铁肩担道义，棘手著文章"是送给陈立夫的，现挂在陈立夫台北的私人客厅里。

二厅、三厅陈列着张静江生平事迹的各种照片、书札、任命状等文物，以及孙中山、宋庆龄、何香凝、于右任、陈布雷、蒋介石等名人手札的影印件和往来信件。其中有孙中山写给张静江为国民党本部参议的委任状；有张静江于辛亥革命、北伐战争、民国初期的珍贵历史照片、资料；有"尊德堂"家庭合影和张静江夫人朱逸民与好友陈洁如的许多生活照；还有陈友仁提亲致张静江的手札、张静江子女的照片、张家账本、寿礼簿、金福贴等。

值得一提的是，前后两道大门背后都有构思别致、雕刻精细的门雕。一个写有"有容乃大"4字，出自林则徐"海纳百川，有容乃大，壁立千仞，无欲则刚"的诗句。另一个写有"世守西铭"4字，源于宋朝张载弃官后授徒"东铭西铭"的典故。上述8字均由里人周梦坡（又名周庆云，南浔"八牛"之一，近代实业家兼收藏家）所书。

三、诗化家园"小莲庄"

小莲庄是晚清南浔俗称"四象之首"刘墉的私家花园，凝聚了刘家三代人的心血。从刘墉开始规划，经其子刘锦藻，到其孙刘承干建成，历时47年，占地18000平方米，因欣羡仰慕元代书画家赵孟頫湖州莲花庄，而自名小莲十二庄。小莲庄由园林、刘氏家庙与义庄3部分组成。其构图与格调是江南园林异化的一个典范。

园林以荷花池为中心，依地形设山理水，形成内外两园。内园是一座园中园，处于外园的东南角，以假山为中心。仿唐代诗人杜牧《山行》之意，凿池栽植，叠石成山。青松红枫把盘旋的山道点缀得精美绝伦。外园

小莲庄

小莲庄

以荷花池为中心，面积6000平方米，沿池为亭台楼阁，结构疏朗雅致，颇具匠心。内园与外园以粉墙相隔，又以漏窗相通，似隔非隔。内外园湖光山色，相映成趣。

荷池南岸的石桥小榭，名曰"退修小榭"，设计精巧，是江南水榭建筑的精品。此榭连着主人的书房"养心德斋"。因为院内种植芭蕉，所以又叫作"芭蕉厅"。荷池北

退修小榭

岸外侧为鹧鸪溪，堤上建有六角亭。堤东端有一座西式的牌坊，门额上的"小莲庄"3字为著名学者郑孝胥所书。荷池东岸，原建有"七十二鸳鸯楼"，抗战时被毁。其南侧有百年紫藤，枝叶繁茂，每到花季，有如紫色的彩带旋绕于桥顶，美不胜收。

荷池西岸是一座西洋式的楼房，俗称"小姐楼"。室内用雕花圆柱装

饰，壁炉取暖，窗的外层用百叶窗遮光，极具异国情调。西岸还建有"净香诗窟"，是主人与文人墨客吟诗酬唱之处。西岸的长廊为了避免呆板之感，北以桥亭为端，中隔半圆亭，南以扇亭为终，并引接家庙。

刘氏家庙是小莲庄的主要建筑群，与园林长廊只有一墙之隔。家庙坐北朝南，共三进，即门厅、大厅和后厅。大厅悬挂着宣统皇帝御赐的"承先睦族"九龙金匾一块，以示刘家的荣耀。后厅名"馨德堂"，为楼厅建筑，楼上四周有宽大的周转廊，故俗称"走马楼"，装饰十分讲究，环境清新幽雅。

刘氏家庙

家庙的西侧为刘氏义庄，建于1922年，在义庄天井内植有古桂2株，故名"桂花厅"。后厅为忠孝祠，供奉刘氏十世祖宋侍郎忠公刘汉弼遗像，现为"叔萍奖学金"成就展览馆。义庄西侧与嘉业堂藏书楼毗邻，藏书楼东护河旁是刘氏家庙甬道，两旁植百年古樟，中铺青石板，愈感幽深肃穆。

四、听任夜莺"颖园"

颖园是俗称南浔"八牛"之一的清朝富商陈熊的私家住宅花园，占地11.07亩，始建于清同治元年（1862年），于光绪六年（1880年）落成。颖园以玲珑剔透、紧凑多姿、清幽雅致见胜。每当傍晚，白鸟聚园，成为奇观。

颖园又以古木和雕刻见长。古木葱郁，有百年以上的广玉兰、香樟和紫藤等。各种雕刻极为珍贵，有砖雕、石雕、木雕等，胜似一座小型雕刻

艺术馆。如主人吟诗作画的"养心榭",其门窗上的黄杨木雕,刀法精湛、造型逼真。其中一幅《耕织图》,男耕女织,粗犷与细腻结合,形象栩栩如生。

颖园的楼阁都是沿池而筑,假山堆叠,错落有致。

颖 园

最引人入胜的是假山上有一精巧的梅石亭,亭中有一块珍贵的梅石碑,高138厘米,宽79厘米。碑上梅石图为清代著名书法家王礼的晚年力作,刀法苍劲,乃石雕中的精品。

著名古园林专家陈从周教授曾称誉颖园道:"陈园环池筑一阁一楼。倒影清澈,极紧凑多姿,具有苏州狮子林的风韵。"

五、书藏万卷"嘉业堂"

嘉业堂位于南栅西华家弄,隔溪与小莲庄毗邻,是刘墉之孙刘承干所建,因清帝溥仪所赠"钦若嘉业"九龙金匾而得名。该楼规模宏大、藏书丰富,以收藏古籍闻名,是我国近代著名的私家藏书楼之一。

嘉业堂始建于民国九年(1920年),于民国十三年(1924年)落成。占地13300平方米,建筑面积2400平方米。该楼是一座园林布局的中西合璧建筑,回廊式两进两层走马楼,形状恰似一个"口"字。整幢楼共52间,均为藏书用的库房。楼下有珍藏着《史记》《前汉书》《后汉书》《三国志》4部史书的"宋四史斋";两侧是存放着古本诗词及主人父子编写的《清朝正续诗萃》的"诗萃室";楼上为"希古楼",存放经部古籍;外间为"黎光阁",存珍本《四库全书》1954册;里面正房名"求恕斋",原存放史部古籍。每间书库两面都装有铁皮和双层玻璃窗户,地板

嘉业堂藏书楼

坚固，书架整齐。两进房屋的中间是一个占地约300平方米的大天井，底面方砖铺排平整，便于晒书。四周朝着天井的所有库房都装有落地长窗，方便通风采光，可见主人心思缜密。

藏书楼掩映在园中，楼外有园，园中有池。院内古木参天，环境幽雅，是读书佳处。有亭3座，名曰"明瑟""漳红""沉碧"。三亭鼎足而立，是典型的"三山一地"的构图手法。环池有山石点缀，意为十二生肖像。最奇的是花园的西南面有一座奇峰，高丈余，峰有孔，对孔吹气会发出一种巨响，极似呼啸，清代大学者阮元为其题"啸石"二字。

主人刘承干是秀才出身，从小受到诗书文艺的熏陶，喜好古籍鉴赏。他承袭其父史学及继父刘安澜的藏书遗志，在辛亥革命前后，凭借着雄厚的资产，不惜斥资30万元，先后收购了甬东卢氏"抱经楼"、独山莫氏"影山草堂"、仁和朱氏"结一庐"、丰顺丁氏"持静斋"、太仓缪氏

"东仓书库"等数十家的藏书。据记载，在嘉业堂藏书楼的鼎盛时期，共藏有宋元刊本149部，明清诗文集共计7000余种，抄本近2000种，地方志书1200余种，此外还有大量的碑帖、稿本数千种。

藏书楼不仅藏书，刘承干还聘请专家刻印书。刻印的书有《嘉业堂丛书》《求恕斋丛书》《吴兴丛书》《留馀草堂丛书》《希古楼金石丛书》以及《景宋四史》《旧五代史注》《晋史注》《章氏遗书》《八琼室金石补正》等，共200多种，约3000卷。刘承干对刻书、校书非常严肃认真，每刻一书必请名家鉴定。当时著名的文人学者如王国维、吴昌硕、郑孝胥、况周颐、罗振玉等，都为其做出过贡献。

后来，因刘氏家道逐渐中落，再加上刘承干是富家公子，不善经营，嘉业堂藏书楼在1933年后开始衰落。1951年11月，刘承干将书楼及藏书11万册、杂志3000余册、红梨木书板3万余块捐给了浙江省图书馆。

第四节 风采绝代 相尚商贾

一、仕风昌盛

在明代有着"九里三阁老，十里两尚书"的南浔，仅在明代中叶就有多人在朝中任要职。

董份（1510—1595年），嘉靖二十年（1541年）进士，授翰林院编修，参与纂修会典。明世宗钦点其为翰林学士，不久，加太常少卿，赐一品服。嘉靖二十三年（1544年）及嘉靖三十二年（1553年），董份曾两次任会试同考官。三十五年（1556年）典武会试，嘉靖三十七年（1558年）主试北闱，翌年充会试同考，总裁南宫，赐有"东观总裁"印章，加工部尚书。后升礼部尚书兼翰林学士。后为给事中欧阳一敬论劾，被夺职为民。回归故里，创义田，筑义宅、义塾，又建义仓。1595年病卒，终年85岁，遗命"毋书吾故官，以白布三尺题曰'耐辱主人'"。著有《史记评抄》40卷，《汉书评钞》40

书香门第　仕途学风

卷，序《万历湖州府志》10卷，及《沁园集》37卷等。

沈㴶（1570—1623年），万历二十年（1592年）进士，明光宗朱常洛于泰昌元年（1620年）召其为礼部尚书兼东阁大学士。沈㴶取得熹宗朱由校信任和重用，加太子太保，进文渊阁，再进授少保兼太子太保、户部尚书、武英殿大学士等职。有人向熹宗进言，认为王纪与沈㴶均为朝中大臣，互相攻讦，有失体统，今独斥王纪而宽沈，似不得公论。熹宗心有所动，沈㴶自感不安，乃隐退故里。

朱国桢（1558—1632年），明万历十六年（1588年）举人，万历十七年（1589年）进士，1621年提升礼部右侍郎，不久拜礼部尚书兼文渊阁大学士，累加少保兼太子保。明崇祯十五年（1642年）春晋升为户部尚书、武英殿大学士，总裁《国史实录》。朱国桢为人性直坦率，虽然官至辅相，但是家业却非常萧条。他非常关心家乡民情，提出平均法，计亩定役，使贫者不至于有重负。告老归田后，潜心著作，主要有《明史概》142卷、《大政记》36卷、《涌幢小品》32卷、《皇明纪传》30卷等。

温体仁（1573—1639年），明万历二十六年（1598年）进士及第。明崇祯三年（1630年）以礼部尚书兼东阁大学士，入阁辅政。为人外谨而中猛鸷，机深刺骨。对首辅周延儒阳为曲谨，阴为排挤，迫其引退，自为首辅，所以《明史》将温体仁列入奸臣传。崇祯年间有这样的民谣："礼部重开天榜，状元探花榜眼，有些惶恐。内阁翻成妓馆，乌龟王八篾片，总是遭瘟。"这便是在反映温体仁当政的状况。但是作为辑里村人，他对于家乡蚕丝业的发展起到了一定的助推作用。他曾在皇后面前大肆宣扬辑里丝质量匀细洁白、光彩夺目，深得皇后喜爱，从而使内宫和诸织造局均将其选作上品丝织原料，声誉遂大扬。

二、"四象"豪门巨富

四象之首的刘家 刘墉15岁在锦绸布庄学做生意，由于聪明好学，短短4年的时间就通晓了丝行的奥秘。同治元年（1862年），刘墉在上海经营蚕丝发迹，家底十分雄厚。

刘氏家族属于中国早期民族资本家，自刘墉到刘锦藻，驰骋丝业，又精通盐务、房产，到清朝末年已聚财2000万两白银，相当于政府年收入的2/7。

刘墉

亦商亦官的张家 张家最初以弹棉花为业，后从商，在南浔开设糕团店、小酱盐店。张颂贤颇具商业意识，看到上海开辟为通商口岸后，蚕丝出口旺盛，全力经营辑里丝，家产暴增，成为巨富。在南浔镇东吊桥外"东墅"故园址建大住宅，修后花园。后又购进董说和"四象"之一的顾家旧宅，扩建成豪宅，是仅次于刘家的南浔巨富。

张氏旧宅

从商崇文的庞家 庞氏家族也以丝业致富，还兼营军火。清光绪中叶已成巨富，蔚为旺族。1843年上海开埠后，庞云镨15岁去陈熙元开设的陈裕昌丝行当学徒，师满后已通晓蚕丝经营之道。在经营蚕丝的过程中，庞云镨结识老板胡雪岩，两人成为莫逆之交。

左宗棠托胡雪岩向洋商购买军火镇压太平军。庞云镨因熟识一些洋商，与之接洽，开始从事军火生意，从中获得暴利，挤入"四象"。

左宗棠

率先发迹的顾家 顾福昌年少时家境贫困，弃文从商，在镇上摆布摊，后经营蚕丝，开设顾丰盛丝行。清道光初，顾福昌去上海与洋人交往，渐能通晓外语，成为上海早期的丝通事。开设顾丰盛丝行后，获利丰厚，成为南浔丝商中在上海发迹最早的商家。他还曾被聘为上海丝茶捐总局董事，成为上海丝业界的领袖人物。顾福昌病逝时，英、美两国领事馆为其下半旗致哀。

三、"八牛"大富之家

"八牛"之首的邢家 邢家8代经营蚕丝，早在清康熙年间，邢庚星就与刘墉合伙开设了邢正茂丝行。后来丝业受挫，邢、刘分产自营，邢家改名"恒顺丝经行"，号称拥有资产200万银两。暴富后在江、浙、沪大开典当，最多时达30家，是南浔财主中拥有当铺最多的一家。

初创辑里丝的周家 周氏家族兴办丝绸，开发矿业，以经营盐务名扬海内外。周家的开创者周昌大、周昌炽和周昌富，很早就在上海从商，经营丝棉花、丝吐和蚕茧。周昌炽早年为上海著名的丝通事，与洋庄贸丝得心应手。

打响国际品牌的梅家 辑里丝品牌迭出，频频在国际获奖，这一佳绩的功劳来自"梅恒裕"。梅家是唯一一个以蚕丝贸易暴富，又以全部资金世代致力于辑里丝改良和经营的商户。

人称"小金山"的金家 金家本是镇上的富裕家族。金桐年幼成了孤儿，不得不弃学从商，去上海谋生。在上海开设协隆丝栈，经营辑里丝。他悉心研究数年，学会了英语，直接与洋商进行贸易，是上海有名的丝通事。由于他恪守信誉，不少洋行都愿意与他来往，因此声名鹊起，很快成为富商。

散尽千金为藏书的蒋家 "八牛"之一的蒋家家底丰厚，私建密韵藏书楼。蒋汝藻在近代藏书界是颇有影响力的人物。他的密韵藏书楼与陆心源的百宋楼、刘承干的嘉业堂、张石铭的六宜阁被称为清末民初湖州四大藏书楼。

精通英文的丝通事陈家　陈家是镇上旺族。陈熙元天生聪慧,继承祖业。他只身在上海闯荡,开设裕昌丝栈,不久就精通英语,成为上海著名的丝通事。仅仅10年的时间就成为上海最有名的丝商之一。陈熙元花20余万两白银赈济多个灾区。他去世时,李鸿章与两江、两广总督奏请褒奖,获光禄寺卿殊荣。

暗财起家的邱家　邱仙槎因开设启昌经丝行而发家。据传,邱仙槎吞没了某江洋大盗寄存的大批赃物财宝,用于囤积经丝,与洋商交易,因而发家。

移花接木的张家　张佩绅的父亲曾开过漂洋船,装运辑里丝到广州卖给洋行,是发迹较早的一家。号称拥有40万两资产。到张佩绅时不再经营蚕丝,在上海商业银行总行任营业部主任。张佩绅的独子张书常无后代,为保财产买了穷人家刚出生的婴儿,实现了传宗接代的目的。

四、"七十二黄金狗"

近代南浔靠丝业发家的富户除"四象、八牛"外,还有俗称的"七十二黄金狗"。"七十二黄金狗"是某一历史阶段所统计的数字,因

生记米行

此是一个泛指。"七十二黄金狗"绝大多数以开经丝行致富，著名的有谢子楠、邱茂泰、邱德森等。

"七十二黄金狗"不仅经营蚕丝，还经营其他行业，如当铺、米行、羊毛等。他们中最早发迹的是道光年间的庄恒庆，然后是咸丰年间的朱红茂，随后有同治年间的谢子楠、沈天长、李万顺等。

四象饭店

第四章

吴根越角——西塘

第一节 清幽西塘 桥弄廊棚

西塘，江南六大古镇之一，古称胥塘、斜塘，又名平川，现今坐落于浙江省嘉兴市嘉善县，地处江、浙、沪三省市交界处。西塘是一座已有千年历史文化的古镇。早在春秋战国时期就是吴、越两国的相交之地，故有「吴根越角」和「越角人家」之称。古镇西塘，占地面积1平方公里，地势平坦，河流密布，自然环境十分幽静。西塘在水乡古镇中颇具特色，以桥多、宅弄多、廊棚多而闻名于世。古镇区9条河道纵横交织，将古镇分为8个区块，故称「九龙捧珠」「八面来风」。而众多的桥梁又把水乡连成一体，其中有27座古桥将市镇连通。古镇在春夏秋冬、晴阴雨雪的漫长年代里，始终呈现着一幅「人家在水中，水上架小桥，桥上行人走，小舟行桥下，桥头立商铺，水中有倒影」的不断变幻的水乡风情画。

一桥，一廊，一弄，内敛的华质，盈盈的静美，透映着烟雨蒙蒙的气韵，浓缩了商业化之前的江南。西塘是一首诗，淡雅而隽永。同南浔的大富大贵、乌镇的沉稳凝重相比，西塘就是典型的小家碧玉，婉约而雅致，朴实而精致，宁静、富足而悠然自得。

一、石桥卧波

水是西塘的梦，是西塘的魂，而让人魂牵梦萦的则是西塘的桥。104座石桥，默默地倾听着千年流水的轻吟浅唱，阅尽了两岸的繁华沉淀；以沧桑的姿态，在水

石桥卧波

的怀抱里，影动波摇。西塘的一座座石桥犹如一部部古书，浸在潜移默化的变迁里，带着温情的渴望，波动在河水的涟漪里。这些桥大多为单孔或三孔石柱木梁桥，工艺精湛，造型各异，或如卧龙临波，或如彩虹飞架。

位于小桐街东侧的来凤桥，为三孔石板桥，建于明崇祯十年（1637年）。传说建造时，有一鸟飞来，造桥人认为祥瑞，取名"送子来凤桥"。

位于北栅市河口的卧龙桥，系单孔石拱桥，桥身长31.46米，宽4.95米，桥东坡台阶32级，西坡台阶30级，西堍朝南转角处还有台阶9级。巡杖呈长方形，高44厘米，望柱高71厘米，柱头呈方形。拱券为纵联并列砌置，为镇上最高的桥梁，工艺精湛。

建于明代正德前的五福桥，为单孔石级桥，桥长14米，桥孔跨度7.5米。它连通烧香港东端的南北两岸。此桥保存尚好，石级石栏尚整齐。所谓五福，即福、禧、寿、禄、善终，这是民间对人生的五大追求和祈愿。用在桥上，是造桥人对过桥人的祝福，希望此桥能给人们带来的不仅是方便，还有每个人所希望的种种吉利。

站在桥上远眺，西塘的水、廊棚以及模糊的粉墙黛瓦在斜阳的晕染下，如淡彩的宣纸画；古镇弯弯曲曲的弄堂，平平展展的石板，瘦瘦清清的小河，高高低低的石桥，如泛黄的照片，在记忆里层层清晰。水面上荡荡悠悠的小船儿，划开一波波涟漪，桥的影子就在这细细碎碎的水声中，伴着小贩们的兜卖声，轻柔地化开，仿佛岁月的印痕在自然的画面中流动。

二、古弄探幽

弄堂是西塘的脉络，能反映出西塘人质朴友善、心平气和的性格特点。西塘的宅弄曲径通幽，在这里听不到人声鼎沸，看不到车马熙攘，穿过长长的弄堂，所有的喜怒哀乐都被幻化为宁静怡然。

弄堂是古老旧居的主要通道，数十户人家在宅弄里进出，形成"雨天不湿鞋，照样走人家"的景观。据镇志记载，全镇有长短不一的弄堂120多条。最宽的弄1米开外，是位于烧香港北高阶沿李宅的大弄，可并排走5个人；最窄的弄是李宅中的小弄，仅限1人侧身而过。最长的弄是位于北栅街的四贤祠弄，全长236米；最短的弄是位于余庆堂内的宅弄，全长不过3米。

宅弄的地面一般都铺条石或砖块。最著名的是西街的石皮弄，建于明末清初，全长68米，由166块条石铺底，路面平坦，路下为下水道。弄宽1米左右，最窄处仅0.8米，被称为"西塘一线天"。左右两壁是6米至10米高的梯级状山墙，扶着墙行走，仿佛在记忆的峡谷里穿行，一些空置了的想象和情怀，被岁月的手翻开，让人无不慨叹，"逝者如斯也"。

西塘弄堂

三、长廊写意

廊棚是西塘的精华，它以独有的绰约风姿吸引着中外游人。江南古镇有廊棚的不只西塘一地，但是能够形成规模和统一风格的，唯有西塘。

西塘的廊棚是镇上特有的地方性建筑，保留着典型的明清时期水镇街

西塘廊棚

市的遗风。西塘的廊棚初期集中在北栅街、南栅下街、朝南埭、塔湾街等商业闹市，逐渐扩展到里仁街、朝东埭、四方汇等居民区。旧时西塘的廊棚共长780米，到1990年尚存600米。近些年经过整治修复，并修建了小桐街一带廊棚，基本上把古镇古河全部串联起来，总长1300米，多为砖木结构，既能遮阳又可避雨，成为西塘古镇一道主要的风景线。

"到西塘，看廊棚。"任何人到了西塘，都会被宽阔的市河两旁那绵长蜿蜒的廊棚所吸引。屋檐下的廊柱，一根根有节奏地排列在河岸上，如果把市河比作一把大提琴，那么这些廊柱就是那一根根琴弦，叩击出优美的水乡旋律。对岸一簇簇高翘的马头墙，一家家临河踏级的水码头，与廊棚隔相呼应，一虚一实、一高一低、一黑一白，形成强烈的对比，但又在差异中透露出一份和谐静谧，引发人们无穷的遐想。廊棚中每隔一段就会有一处亭廊或台廊，供人们歇脚，既体现了人性化的设计，又打破了建筑上线条的单调。

现在的西塘廊棚比旧时更加妖娆，一盏盏大红灯笼依河悬挂，每到夜晚，廊棚里红光点点，水中倒影连成一线，使人仿佛置身仙境一般。

知识小百科

廊棚的传说

从前有家烟纸店，傍晚打烊时，店主看到屋檐下蜷缩着一个老叫花子，此时天上已下起绵绵细雨。店主心善，怕老人夜里淋湿着凉，就用一卷竹帘连在窄檐上，替他遮风挡雨。第二天清早，店主开门时，老叫花子对他说了声："廊棚积善，生意兴旺。"摇身一变，现出铁拐李原形，踩云而去。

原来是八仙听说西塘人待人友善、心地善良，于是让铁拐李下凡试探。这家烟纸店从此大发，店主索性在檐下搭了个固定的瓦棚，以纪念此事。其他店铺纷纷效法，廊棚很快在西塘形成了气候。这是个温馨的传说，是西塘人性格的诗化。

第二节 古宅旧踪 风情西塘

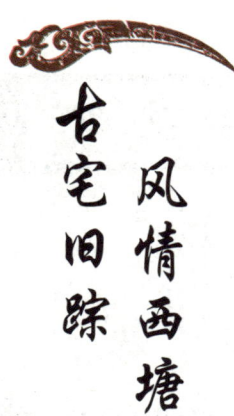

西塘的建筑，古朴而不张扬，站在任何一座宅院门口，都看不出丝毫的恢宏之气，这大概与西塘人平静谦和的心境与性情有关。

西塘的古宅颇多，有的已经破旧，还有的只是一个狭小而昏暗的小院，阴暗潮湿的角落里，有一些枯败的小草伏在地上，静静地将岁月守望成一段段旧事。那些无处不在的古朴与宁静的气息，被轻风轻轻拂过，曾经的经历与过往，随着风轻轻远去，感觉好像历史在这里已经和倒塌的院落、倾斜的房梁一起倾塌，而西塘又将这一切完好地凝固了。蓦然回首，古宅的院门紧闭，一把生了锈的铁锁令人触目惊心，怀疑自己是否真的走进了古宅，走进了那一页页尘封的旧事中。

水乡大门的兽头把手

一、乐善好施"种福堂"

身前多种福,后代必能得善报,这便是"种福堂"名称的由来。这里原是宋代御营司都统王渊后代的宅院。

这座江南大宅建筑,是典型的清代名居。前后七进,总长度百余米。西塘大宅的特点是屋宇进深,但沿街墙门狭小,属先抑后扬型。种福堂的头进墙门间便是如此,非常

种福堂

朴素,和寻常的沿街店面没什么区别。二进是轿厅,轿厅前是小天井,小天井前是砖雕门楼,体现了嘉善一带大宅必不可少的特色。三进是正厅,这是种福堂的建筑中心,用料讲究、结构严谨,地面由一尺见方的厚砖铺接,地不见缝隙。四进为厨房,五进、六进为居室,最后一进为花园。江南大宅一般将厨房放在最后一进,但是种福堂为了渲染建筑的层次,将其放在了中间。同样为了显示个性,种福堂有意打破对称的格局,左侧配弄,右侧为账房,颇具艺术特色。

另外,西塘的建筑强调"以暗为安",正如现代人所说的"银不露白,暗可藏财",种福堂亦是如此。宅内用以采光的天井极小,光线昏暗。宅子的第一间低矮而不起眼,甚至显得有些委屈。高大的门墙上,一面刻着"维和集福",一面刻着"元亨利贞"。元亨利贞取自《易经》,象征着事物的一个发展过程,元即开始,开始时充满希望,枝繁叶茂后,又要想到秋天的落叶凋零。这8个字的含义颇耐人寻味。

据传,王氏先人祖训强调"家和万事兴"及"以和为贵"的平和之

心。这种心境，在宅院的构架上得以充分地体现。在砖的排列上，极有规律，上五下十，寓意做人要一五一十、实实在在。门楼的面也是凹凸成形，喻示着做人要胸怀宽广、能屈能伸。二楼木质结构的楼板上用糯米汁和石灰铺就了一层四方地砖，这样，楼上的人走动就不会惊扰了楼下的人。楼下尽可高谈阔论，楼上亦可独听风雨。

二、百寿吉祥"尊闻堂"

尊闻堂也是王氏产业。当年王氏因子嗣多房，大兴土木，除种福堂和尊闻堂外，还有礼耕堂等，合计面积约4000平方米，但现在就只剩下上述两宅了。尊闻堂的整体建筑不及种福堂开阔气派，但整体布局十分相似，正门都是朝北开的，前埭至后埭的长度也相差无几。

尊闻堂的百寿梁是镇上一宝。全梁长约5米，其间刻有100个"寿"字，组成长长的菱形。中间饰有云纹，云纹飘然而过，从左右两边的2枚铜钱的中孔穿过。横梁由门字形的两根圆柱支撑，柱头雕刻非常特别。十字形的柱饰托住横梁和前后两边的纵梁，柱饰每边都不一样，其吉祥图案造型别致、刻工精细，为这一带民居所罕见。

门字形的圆柱直径约30厘米，下面的柱石为青石，石鼓的下面还有一块方石，上面都雕有吉祥图案，其结构及规模与种福堂的正厅相仿。厅外有一小天井，石板铺地，洁净素雅。天井与石皮弄仅一墙之隔，有瓦檐小墙门做通道。厅前有10扇落地长窗，与长窗相连的檐廊由弯脊椽子组成。过梁上

尊闻堂

雕有精美图案，十分考究。椽子间的瓦板平整光洁，加工精细。过梁旁边的小椽上也雕有各种民间吉祥图案。

站在小天井抬头向上望，层层叠叠的屋檐、屋脊和风火马头墙把蓝天割成锯齿形的块状，这也是江南民居独特的一道风景线。

三、古今民居的分水岭"薛宅"

薛宅建于民国十五年（1926年），坐落在狭小的西街北边，总占地面积约350平方米，临街依河，为本镇典型的商住民居。

整个薛宅为砖木结构，前后有两进。前进沿街，共四开间一字形，东三西一。现开放的东三间，大门左右两边各有出售旅游纪念品和古玩的柜台。

薛宅头进的墙壁约有6米深。造屋方法与结构仍是传统的，楼上面积与底面一样，屋顶为人字形屋面，但比一般的民居要高爽得多。后进是正厅，前、后进之间有一小天井，天井前也有墙门，这似乎也是传统结构的仿造。天井很小，左右两边留出狭窄的厢房，如同走廊一般。厢房都有长玻璃窗，可看到天井。由于装上玻璃，采光比传统的房屋明亮多了。正厅也是三开间，地面铺有方砖，中间有支柱，后半部有长门拦阻，跨过门槛留出半间，通往小河。右面是楼梯间、厨房，结构紧凑。正厅连着左右两厢，如同两只虎脚。

虽然薛宅在总体上沿袭了传统的江南民居式样，但是薛宅的建筑有三大特点，即一浅、二简、三亮。第一是"浅"。从高处往下看，只见回字形的屋中有一个小天井，此外都连成一片，无进可言，从街到河仅30米左右。第二是

薛　宅

"简"。薛宅没有陪弄，一律从大门进出，只是在登楼时有两个楼梯。另外，整个建筑的细部并无花哨的装饰。第三是"亮"。薛宅一反传统以暗为上、暗能藏财的习俗，在所有的窗上都配上了玻璃，玻璃窗上饰有花形条格，看起来也很顺眼。"浅"和"简"说起来可算是遗憾，但是与"亮"联系在一起，古朴变得简洁明快，陈旧变得具有现代文明气息。

薛宅的主人处在社会变革的转折时期，不知是有意还是无意，其建筑风格起到了承上启下的作用。薛宅是民国时期小镇民居建筑的典型代表，尚可把它看作是古代民居和现代民居的分水岭。

四、书香门第"倪宅"

倪宅是西塘世代书香门第，虽无万贯家财，但由于历代子孙知书达礼，也是镇上德高望重之族。倪宅前后共五进，前有廊棚，后有花园，正厅名"承庆堂"，人们通常以此厅名代称宅名。如今，倪宅台门的油漆已经斑驳，门顶横匾上书着"倪宅"两字，笔力刚道。入内，却见一座青铜铸像赫然在目。

西塘倪天僧祖居

铜像塑的是倪氏家族中最为出类拔萃的人物，叫倪天增，曾任上海市人民政府副市长，主管城市建设。1992年赴京开会时因心肌梗死不幸去世，时年54岁，属英年早逝。

五、版画陈列馆"醉园"

醉园原是西塘望族王氏塔湾街宅院之偏厅，四进院落，2000年整理修缮后对外开放。醉园是因王宅醉经堂而得名。"醉经堂"为王氏世祖王志熙修建。王志熙是清乾隆年间的著名书画家，攻楷、行、草，擅诗、画，园内至今还留有他的墨迹。现醉园主人王亨的先父王慕仁也擅长书法，园内有一副对联"烟开兰叶香风暖，岸爱桃花锦浪生"就是他的作品。

醉经堂

醉园的意思有3层：一是取"醉经堂"即醉读经书之意；二是园内景色醉人；三是沉醉于版画艺术。

园内有古砖砌花墙和江南罕见的微砖拱桥。漫步此园，池石玲珑，回廊通幽，翠竹生妍，秀色醉人。

园内正厅"艺香斋"辟有王氏父子王亨、王小峥版画陈列馆，描写的都是西塘的水乡风光。他们两人的风格有一定差异：父亲王亨的作品传统写实，而王小峥的作品则较现代抽象。这些画作供游人评赏，展示了西塘的家庭文化底蕴。

第三节 喜好收藏 博物西塘

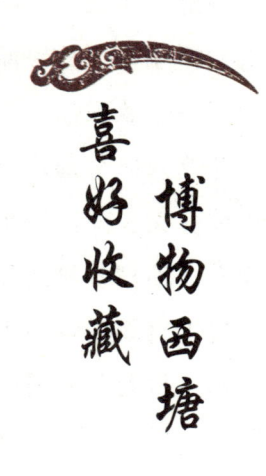

自古以来，人们都有对历史文物的收藏行为，因为它们是历史的见证，特别是一些优秀的艺术品，更是凝聚了古人的才华和心血。一些财力雄厚的商贾士绅收藏那些价值高的古董、书画，而一般百姓只能拣自己喜爱的，又有意义的东西来收藏、赏玩。这类收藏往往可以从另一方面来反映那个时代的历史风貌、地方的风情世故、人们的生活和生产活动。

西塘居民就喜好收藏，在政府的鼓励和支持下，已经组织修建了多个民间收藏的陈列馆、博物馆，其中有木雕、根雕、服饰、瓦当、纽扣、书画、黄酒、篆刻、竹编、漆器等。这些民间博物馆大大增加了古镇的文化内涵和旅游内容。

一、明清民居木雕馆

木雕馆内收藏了250件以西塘为代表的江南一带民居的内梁、枋和其他木构件，如雀替、梁垫、撑拱以及窗棂、雕栏、门板、床板等木雕艺术精品。这些木雕图案典雅美观、工整精致，刀法洗练朴实，集中体现了江南民居木雕特有的柔美细腻、清新绚丽的风格。

木雕选材很重要，一般柏木、松木、杉木，木质较粗松，刻的花纹较为简单。而一些榉木、樟木、檀木等就可以精雕细刻，雕法也丰富多彩，有剔地、浅雕、深雕、透雕、漏雕等多种。而花饰除了一般装饰性、图案性的花草龙凤纹饰以外，还讲究含义。如西塘馆内陈列有"渔樵、耕读"，表示追求安居乐业的生活；"梅兰竹菊"所谓的"四君子"表示清雅高洁；"喜鹊梅花"表示喜上眉梢；4只狮子表示四世同堂……这是比德观念在雕刻中的体现。比德观念是中国人的传统审美意识之一，反映在建筑雕刻中，即是民间艺人运用人物、花鸟、器物等形象，通过借喻、比拟、象征、谐音等手法，使抽象思想与艺术客体融合在一起，让人们由容易感知的形象联想到要表达的抽象含义。

江南民居木雕展示

二、张正根雕艺术馆

张正根雕艺术馆坐落于计家弄2号，坐北朝南，面阔5间，2层楼高，占地约2000平方米，是一处颇具地方代表性的民国时期建筑。由于房屋的年代不是特别久远，所以它的结构稳固，空间布局优美，保存也相当完整。

张正根雕艺术馆

西塘开发旅游后，这座典型的民国建筑作为张正根雕艺术馆对外开放。正厅为"慰黎堂"，现在馆内新辟有"吉尼斯之最厅""鹰厅""佛像厅""海底世界"4个特色展厅，共展出张正根雕作品300余件。

根雕是用树根作为材料进行艺术加工的作品。张正的根雕作品立足于"七分天成，三分人工"，将自然与艺术完美结合起来，平中见奇、奇中见巧，给人气势磅礴的感觉。馆内许多作品如《东方雄狮》《雄鹰展翅》《南海奇珊》等都曾在世界及全国范围内获大奖。在艺术家的眼里，树根是有生命、有灵气的，是这些树根的生命灵气唤起了张正大师的艺术灵感。一般来说，中国人的艺术观是喜爱形似，喜爱具体的物象，张正的根雕正是利用肖似某种飞禽走兽的逼真的树根造型而进行艺术加工。无论是威武雄壮的狮子，还是桀骜不驯的苍鹰，都有一种咄咄逼人的气势和压倒一切的气概，使人的精神为之一振，鼓起面对一切困难和一切挑战的勇气。正是这种时代的气息，使张正大师以他精湛的技艺和拼搏的精神被列入世界名人录，同时被誉为"东方之子"。他的500多件大型作品也被载入了"吉尼斯之最"。

三、瓦当陈列馆

　　瓦当是砖瓦的一种，是屋瓦靠檐口的最外面的一块，做有翘起的瓦头，以挡住屋瓦下的檐头。大型建筑物筒瓦呈半圆形，瓦当也是圆形。在秦汉时宫殿的屋瓦上就有著名的"千秋百岁""长乐未央"及"奔鹿"等花纹，以后有虎头、龙形、凤形等花纹。不同时代的瓦当花纹不同，不同地域也各有差异。江南这一带土质好，又黏又细，所以很早以来就有烧砖瓦的窑场，西塘镇的干窑，就是著名的窑场。砖瓦过去不稀奇，到处都是，但能很好地保存下来也就稀罕了。

　　瓦当虽然是中国传统建筑物上的一个小构件，但是文化特

西塘屋檐

征明显，蕴含着丰富的社会历史、地方风情习俗的信息。西塘收集的民居瓦当种类很多，其中有极富美好愿望的传统瓦当；有带宗教色彩的寺庙瓦当；有表明一定历史时期的政治图案瓦当。明代有梅花纹；清代有蜘蛛结网，福、禄、寿字纹，以及双凤、万年青、莲花等纹样；新中国成立后的瓦当出现有五角星、葵花等纹样。小小的瓦当反映了丰富的历史文化内涵。

瓦当纹样

西塘瓦当陈列馆内除了瓦当以外，还陈列有许多砖瓦的其他构件，有花边滴水、砖制筷笼、屋脊买哺鸡、砖雕、古砖、陶俑6大类300多个品种。

四、酒文化博物馆

古镇西塘在历史上就是个酒镇。"酌好酒，吟好诗"，一直是古代很多文人学士的两大追求。明代初年，大诗人高启乘舟过西塘，特地停下来寻问酒家。在清代，镇上名酒"梅花三白"闻香百里，民国初年的柳亚子就曾多次醉饮镇上。西塘的酒文化，可以说与古镇同步，与古镇齐名。

西塘酒坛

中国酒文化博物馆

　　黄酒博物馆内充斥着黄酒的清香，古时的酒器皿陈列在玻璃柜内，展示着中国百年的酒文化，更提供了各种黄酒的知识，让人近处体味黄酒的醉人芳香。西部的酿酒世家刘西明看中了酒镇西塘，将他几辈人收藏的酒文化实物在这里陈列展示。在原有黄酒陈列馆的基础上新开了"中国酒文化博物馆"，从一个酒文化的侧面，用数百件实物对中国酒文化进行了全方位的探讨，融知识性、趣味性、学术性于一体。在追本溯源中，揭示了中国酒文化的清晰背景及其深刻内涵，涉及民俗学、史学、经济学、文学、艺术、医学等多种社会科学和自然科学知识，是中国传统文化的缩影。

五、纽扣博物馆

　　纽扣博物馆位于西街中段的薛宅，这里原为一家杂货店，地处繁华的商业中心，前临街道后依河，为古镇典型的商住民居。后遭大火而毁废，镇上薛宅在旧址上重建。因西塘是全国有名的纽扣之乡，近年有关部门将其辟为"纽扣博物馆"。共有6个展厅：古代纽扣展示区、近代纽扣展示区、现代纽扣展示区、贝壳纽扣生产工艺流程展示区、纽扣应用区、中国结展示区。

西塘纽扣博物馆

纽扣是服装上的一种固结件或作为装饰点缀的饰物。纽扣虽小，可其历史十分悠久，花样也十分繁杂。从汉代到现代，从最古老质朴的贝壳纽扣，到华丽精美的饰物类扣子，在西塘的这座纽扣博物馆里都有收藏，同时还有纽扣起源、发展、演变的专题介绍。这里既有实物，又有图片，内容丰富翔实、资料齐全。

纽扣的种类很多，仅以质地来分就有玉、宝石、珍珠、玛瑙、钻石、贝壳、牛角、象牙、骨、竹、木、布、革、瓷、塑料、玻璃、珐琅、椰壳、核桃壳、水晶、赛璐珞、金、银、铜、铁、铝、铅、铂、不锈钢等30多种，因此想要全面了解纽扣历史与发展过程，就要仔细品味这些珍贵的历代纽扣了。在这里，还展出大量形式多样的腰带钩和腰带扣以及与纽扣有关的中国传统服饰等。令人注目的是二楼正厅中还陈列着世界上最大的一颗纽扣，该纽扣用泰国红木制成，直径1.8米，厚0.18米，重420.2公斤，被称为"纽扣王"。

西塘纽扣博物馆展示品

在纽扣博物馆里不仅可以观赏古今中外的各式纽扣，还可以亲手制作纽扣。在二楼的作坊中，会有几位身着唐装的老妈妈给游客演示唐装"盘扣"的制作过程，一条条布条在她们手中纠缠，不一会儿就绾出了一个漂亮的纽扣结。同样，在楼下还有一个用蚌壳做成衬衫纽扣的第一代手工作坊，两名老师傅用脚踏手磨方式现场操作，先从贝壳上冲出毛坯，再经过成形、打磨、压花、钻孔、抛光等多道工序制成，片刻，一颗晶莹透亮，闪烁着珍珠一样光泽的纽扣就做成了。如你喜欢，作坊的老师傅还会将这些纽扣赠送给你留作纪念。

　　"胸腹为君添异彩，容颜使妾日憔悴。"这是纽扣博物馆正厅门口的一副对联。在这里，我们不仅可以看到丰富多彩的纽扣文化，也能感受到古镇西塘丰厚的文化积淀。

第四节 神秘西塘 佛殿庙宇

一、东岳庙

东岳庙位于西塘镇东1公里的凤凰浜村内。据清光绪《嘉善县志》记载，始建于宋，原有面积较大，有山门带戏台，前殿和后殿，现仅存山门和前殿。前殿正梁上记有：中华民国十四年（1925年）岁次乙丑嘉平月里人集资重建。山门为木结构楼屋，面宽3间，东西两侧又各加1间7梁柱的

东岳庙

寺庙内供奉的佛像

耳间，东西纵长15米，进深7米，单檐硬山顶，全部用阴阳瓦。前殿面宽5间，东西纵长13.7米，明间和次间进深12.5米，梢间进深8.7米，前殿正面看是单檐歇山顶，后面看是硬山顶，全部用阴阳瓦。

江浙一带庙宇戏台两只半，西塘、湖州各一只，盛泽半只。"山门带戏台"与众不同，在别处寺庙中是看不到的。东岳庙的戏台宽3间，约10米，进深7米，中有廊柱，脊墙高1米，用瓦片组成花洞，故称花墙，此墙承重力强，台风也吹不倒。

二、药师庵

药师庵原址在镇南2里的陈家浜常平仓，始建年代无考。庵内主佛就是药师佛，信徒称其为消灾延寿药师佛。

原庵内藏有佛教经典《法华经》，为镇庵之卷。此庵乾隆初废，后有乡邑王氏捐地重修，改为尼姑庵。庵内供八仙之一的吕洞宾像，20世纪60

年代被拆除。现存药师庵新建于20世纪90年代，位于大西园西面，占地面积10多亩。药师庵有正殿和东西两偏殿。所供之佛有数十尊，均塑金身，十分耀眼。

东偏殿为寝室，西偏殿供奉着神医华佗像，右手微抬，拿着绿色的药草。庵中正殿供奉着药师佛塑像。正殿的台阶前有一高一矮两只大香炉，高的有2米许，矮的也有80厘米，炉中香烟缭绕，香火甚旺。

正殿的后面是座宝塔，造型秀颀，线条优美。塔高仅15米，是座小宝塔。全塔有7层，只能登下面3层。因塔身较小，观光者不能登顶。塔身所用材料全为石板，色泽微青，远远望去如同水泥一般，走近细看方知是石板。

三、护国随粮王庙

一个地方就有一个地方神。在西塘护国随粮王庙供奉的就是西塘的地方神——随粮王。历史上真有其人，姓金，排七，百姓称之为七老爷。明崇祯年间西塘一带闹饥荒，当时七老爷督运皇粮船经过，见饥民累累，遂将皇粮倾施于饥民，自知难逃国法，就在雁塔湾河里自尽，得救的百姓集资建庙供奉。后来朝廷得知此事，追封其为护国随粮王。

随粮王的祭祀范围较小，仅在嘉善的魏塘、西塘两镇，但就地方神受祭祀的时间来说，确实是很长了。这正好说明无论是在现代还是古代，清官对于百姓来说太重要了，也确实能让百姓铭记在心，而且肯定还会永久地祭祀下去。

护国随粮王庙

每年的农历四月初三是七老爷的生日,在这一天,西塘要举行庙会。大家把七老爷、七夫人两个轿子抬出庙门,从晚上11点出发,各按预定路线巡游,一路浩浩荡荡,旗帜飘扬,锣鼓震天,鞭炮齐鸣。镇上经过的许多地方都搭起帐篷,供七老爷与七夫人在帐内稍歇受供,到次日下午才回到庙中,然后在庙内开始演大戏,连演3天,场面热闹非凡。现在农历四月初三已成为西塘人一年中最大的民间节日。在七老爷庙里还挂了很多形似叶子的香包,称为秋叶,因为秋天象征着丰收,这些叶子都是当地60岁至70岁的老人家手工缝制的。两侧大柱上的对联"旱裂连阡,施赈活人万众。仁留金邑,追恩长祀千秋",虽只有短短20个字,但记述了七老爷那一段可歌可泣的事迹。

第五节 风物美食 秀色西塘

饮食是人类历史文化中一个非常重要的，也是必不可少的部分，在西塘就有着与地方习俗共存的中国最有特色的饮食文化。西塘位于江浙的中心，地处水乡，物产资源丰富，无论是民间的菜肴还是街巷的小吃，都颇具江南风味。辛年农耕文化和西塘淡泊的天人合一的处世习性，造就了其饮食与文化的同一主题。西塘的菜肴美味而不奢侈，好看而不浮华，不拘形式，讲养生、求新鲜、好美味、重文化。古人云：『不时不食，时新吃新。』在西塘，一年四季都能尝到新鲜的家常菜肴。

一、荷叶粉蒸肉

荷叶粉蒸肉为古镇的传统名菜，五味调百味香。采用适宜的五花肋肉、五香炒米粉、豆腐衣和新鲜荷叶，配上丁香、八角、酱油、甜面酱等调料精制而成。此菜风味独特，肉质酥糯，清香不腻，既可下酒，又可做点心，且充分发挥荷叶解暑清热、散淤止

荷叶粉蒸肉

血的药理作用。

二、五香豆

五香豆的起源说法各异，很难统一，但是五香豆的做法每个西塘人都会。每年蚕豆上市后，取青皮黑头的蚕豆晒干，取陈皮、花椒、料酒、盐、茴香等与晒干的蚕豆共煮，令味道快速而完全地进入豆中，而后取出，并滚上甘草粉晾干，待七八分干时再放入大锅中炒脆，这样，香脆美味的五香豆便制成了。在江南，五香豆成为茶余饭后的一种小吃。

三、六月红

六月红是指农历六月的夏天所产的河蟹。六月红的蟹身只有鸡蛋那么大，蟹肉鲜嫩、蟹膏滴油、壳薄，放入清水一蒸就变绯红，故此得名。在杭嘉湖一带还流传"穷再穷，不忘六月红"的俗语，是对六月红河蟹的赞美。六月红肉鲜肥美，一般煮熟后用香醋、酱油、姜末蘸着吃。也可以将六月红用刀对开，把面粉敷在蟹上，制成"面拖蟹"，这可是难得一尝的美味。

六月红

四、八珍糕

正宗的传统西塘特产之一——西塘种福堂八珍糕，原由西塘钟介福药店参考陈实宗《外科正宗》的处方，应用本地优质糯米和8味中药研制而成。所用糯米每年秋收登场就购进，经炒熟磨粉置于缸内，待翌年夏季生产时使用，以山楂、茯苓、芡实、薏仁、白扁豆、麦芽、山药、黄芪8味药材和白砂糖、米粉配制而成，因此称为八珍糕。其青黑发脆，口感香甜，具有祛暑、消食、开胃、健脾等功效，老幼皆宜，成为江南名点，享誉百余年而不衰。

五、蒸双臭

好与坏、香与臭都是相比较而言的，就像这臭豆腐干，经过腐化，不但失去了冰清玉洁的外形，而且其味道也发生了质的变化。但是偏偏这东西在臭与香之间的角色却极其不确定。臭中蕴香，香中含臭，越臭越香。而西塘人更是把这种臭中含香的菜做绝了。"蒸双臭"结合了当地两种最臭的东西——臭豆腐和臭海菜梗，加入少量油、糖、姜片等一些调味品，然后放到旺火隔水蒸，10分钟后，撒上葱花、椒丝点缀一下即可。这道菜在口感上是臭中含香，美味至极。

蒸双臭

知识小百科

烧香港

烧香港，顾名思义，会认为它是一个港口，其实不然，它是一个街名。烧香港是古镇西塘最早的繁华中心，这里的民居基本保持着明清时期的风貌，可看作古镇建筑文化的实物之证。

烧香港的闻名，是因为这里有座供奉"武圣"关帝的圣堂，香火旺盛。昔日农历大年初一到初四，这里总有圣堂庙会，与七老爷庙会、城隍庙会一起，构建了西塘历史上活跃的民间风俗。

第五章

水乡明珠——同里

第一节 清丽寓今 苍韵怀古

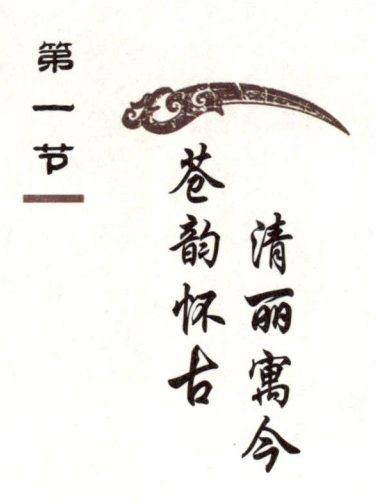

一、同川溯古

同里镇位于太湖之畔古运河之东,自宋代建镇,距今已有1000多年历史,是一个具有悠久历史和典型水乡风格的古镇。

同里旧名富士。相传明初江南巨富沈万三有个女婿住在这里,朱元璋闻听派人追杀,里人就将"富士"二字分拆,改成"同里"。明人杨复吉在《梦阑琐笔·丛谈》中叙述了沈万三女婿引来的一场灾难,"尽洗富士之民而夷其室庐"。相传仅有一人逃匿他乡,故"以富士之名贾祸也,离合其文,改为同里"。

同里古镇风光

同里还有一个别名，称为同川，因3条市河呈"川"字形而得名。其实，以"川"字命名，更多的是表现江南水镇的独特风貌。陈从周教授给同里这样的题词："同里以水名，无水无同里。"

早在宋元时，同里就已经形成了商品经济的初级市场。元代同里的经济规模虽然不大，但政府已在那里设立征税机构。至明初，镇上的店铺行庄已鳞次栉比，商贾云集。及至清代中叶，同里"居民日增，市镇日扩"。发达的商品经济活动，滋润了这方水土，使之成为长江三角洲市镇网络中的一个重要环节。

提倡读书，尊重知识，是同里的传统精神。同里的社会风尚也受这一传统精神的影响，无论士庶都以读书为正途，以科名为追求。自北宋淳化三年（992年）起至清道光二十七年（1847年），共有进士39人。自元初至清末，共有文武举人90余人。同里百姓以他们为骄傲，在街头巷口建造了一座座牌坊，这既是对读书风气的提倡，又是对闾里荣耀的表彰。

耕读传家

二、埠头景致

同里以"醇正水乡，旧时江南"的特色闻名于海内外，整个古镇的布局也是依水而建、因水成市。但是同里民居与河水的关系，不像其他古镇前街后河的布局，而是门外是街，街外是

水乡河旁石阶

河，河边是石砌的河桥埠头。

　　同里有各式各样的河桥埠头700多处，沿河隔三五步就有一座。有的凸出在驳岸外，有的凹进在驳岸里，有的十级八级石阶，有的只有三五级浮在水面上。这些河桥埠头不仅样式不同，名字也因样式而各具特色。如"外双落水""内双落水""内外双落水""单落水""悬挑式""淌水式"等。有一种名为"廊屋式"的更是特别。从门前至河桥埠头间，跨街筑起木柱瓦顶的廊棚，不仅可以遮阳，还可以躲避雨雪。

　　这些河桥埠头是人们日常生活的舞台，汲水洗衣、淘米涮菜，一边劳作一边说笑，俨然一幅桃源景象。

三、街巷古韵

　　同里的街道是古老的。街道与街道之间，里弄较多，如尤家弄、穿心弄、西弄、三元桥弄等。鱼行街的穿心弄长达300余米，石板铺排不齐，行人走过便会发出声响。宋元以来，同里的街道沿用埭，如鱼行埭、竹形埭等，带有昔日商品集市的痕迹。

同里街巷

　　镇内的明清街是最具代表性的同里古街。明清街全长160米，保存了原本的石条路面，街道两旁的建筑也基本保持了明清时期的建筑风貌。古街上的店铺、作坊很多，可谓鳞次栉比。店铺陈列的大都是当地土特产，琳琅满目，有各种精美的工艺品、字画墨宝，还有现做现卖的小吃。写着店名的各色小旗在古街上空飘动，给人一种古风悠悠扑面而来的感觉。费孝通先生为古街题写的"明清遗风"4个大字，被镶嵌在古朴庄重、高高耸立的大理石门楼上，远远望去，有一种恍若隔世的沧桑感。

同里镇现有8条主要街道，它们是：竹行街、富观街、新填街、上元街、三元街、东溪街、鱼行街、南新街。8条街道各具特色，有的宁静恬淡，有的绿树掩映，有的依水傍屋，有的店铺林立，但都仍然保持着宁静恬淡的古风。

四、罗星听雨

同里的地形比较特殊，不是平坦的旷地，而是河流交叉、河渠纵横的一片圩镇。镇上有大大小小的岛屿15个，罗星洲便是其中之一。罗星洲四周长堤环绕，南部是园林，北部是寺庙。山门面朝南方，与古镇隔湖

同里罗星洲

相望。山门上悬挂着门额"罗星洲"，两侧的蝴蝶墙上有"蓬莱仙境"的砖刻阴文大字。山门前有石级码头供船舶停靠，两棵数百年的大榉树郁郁葱葱、巍然挺立。

罗星洲，是一块集佛教、道教、儒教三教合一的圣地。洲的北隅有关帝庙、观音殿，雕梁画栋，庄严肃穆；西隅有新建的天王殿、大雄殿、罗汉堂等；南隅则有荷花池，沿池布景，有水阁、旱船、曲桥及文昌殿、斗姆阁等。洲上的文昌殿，高大宽敞，四季各有声色。春天，桃红柳绿，妩媚明丽；夏天，古木成荫，凉风习习；秋天，湖光清澈，爽气四来；

罗星洲

第五章 水乡明珠——同里 / 105

冬天，寂静幽深，白雪皑皑。

罗星洲以烟雨景观见胜，最迷人之处还是听雨。在罗星洲听雨是古代文人最向往的一种享受。罗星洲的雨声时而苍凉，时而圆润，时而如泣如诉，时而高亢激昂。小雨轻轻敲打湖面和洲上的芭蕉、瓦棱时，犹如一支滋润甜美的圆舞曲；大雨狠狠抽打湖面和洲上的芦苇、树木时，就像一支悲壮雄浑的交响乐。

文昌殿

知识小百科

罗星洲题壁

柳亚子

一蒲团地现楼台，秋水蒹葭足溯回；

猛忆船山诗句好，白莲都为美人开。

第二节 轻履石桥 品味巧趣

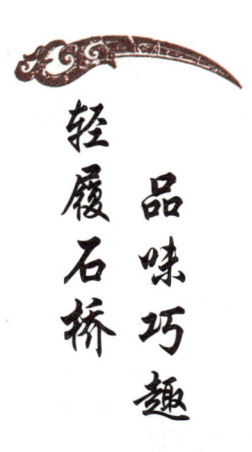

同里古桥众多,创建于各个历史时期,造型迥异,与周围的树木屋宇组成一道道亮丽的风景。

一、最古老的思本桥

思本桥又名思汾桥,桥名取自"万事民为本"之意。南宋宝祐年间(1253—1258年)由诗人叶茵所建,至今已有700多年的历史,为全镇保存最完善、最古老的拱桥。思本桥为单孔拱形桥,桥身皆用武康石砌成。桥全长22.5米,宽1.8米,桥面长5.4米,略呈弧形,桥跨度达9米,矢高4.5米,其矢跨正好为1:2,拱券呈半圆形。该桥具

同里单孔桥

有独特的形体结构和架桥技术。在桥东西两边斜坡和桥面北侧，用3块大型的条石衔接，两侧的条石则凿成阶沿，与相并石阶高低宽狭一致。如此构造，不仅能够显示其形体特色，更对维护整座桥梁免致坡侧倾斜，起到极好的固定作用，所以至今虽未经修葺而保存完好。历经700余年风雨的古桥，至今两旁遍披青藤枝蔓，微露半轨桥孔，屹立在盈盈绿水之上。

二、最神气的富观桥

富观桥是同里最富有神话色彩的古桥，建于元至正十三年（1353年）。在此桥的龙门石上，有一幅惟妙惟肖的"桃花浪里鱼化龙"的石雕。传说这条鲤鱼在三月桃花水发的时候，乘风破浪奋力跳跃，想跳过龙门脱去凡胎而进入仙界，可就在它奋力跃出水面的时候，桥上走来一位如花似玉的姑娘，鲤鱼凡心一动，结果已跳过龙门的头部变成了龙头，而龙门外的半身仍旧保留了鱼身，并永远

同里单孔桥

上不着天、下不着水。石雕大概是规劝人们做事要意志坚定。后传说只要读书人走过富观桥，就能鲤鱼跳龙门，带来好运。

该桥另一精巧之处，在于因地制宜。于北边桥坡中段，有约4平方米的平台，东边砌有条石，可供南来北往行人作片刻"歇脚"。平台西侧一角，原为居民楼房之侧门，实为独具匠心，桥下者既可拾级继续北去，亦可从平台上转向西行，下抵平地，再沿驳岸前行。早先，在桥面上曾筑有木栅栏，作为防守之用，新中国成立后桥北平台西侧民居被拆去，现为同里中学的外围墙。

三、最好学的普安桥

　　普安桥，初建于明洪武二年（1369年），也是单孔拱形桥。普安桥又叫"读书桥"，缘于桥身西侧有一副对联："一泓月色含规影，两岸书声接榜歌。"此联上联所创造的意境名为"东溪望月"，是同里古景之一。据载，同里古时

普安桥

有前八景、后四景和续八景，共20景，"东溪望月"在续八景之中。下联中的"榜"除指船橹外另有其意。古时，科举取士及选官的次第曰"榜"。因此，普安桥对联在生动记录古镇同里读书风气历来浓厚的同时，也记录着同里以前科举发达的盛况，记录着从这里走出了无数名人志士。

　　普安桥的东侧桥身上也有一副对联："古塔摇红迎旭彩，罗星晕碧锁溪光。"上联中的"古塔"，据清嘉庆年间所出的《同里志·卷四》记载，在普安桥附近有一座古红塔，现古红塔已无，但"红塔埭"的地名还在当地沿用至今。下联中的"罗星"即指罗星洲，其景色优美，远望之，殿宇楼阁浮在碧水之上，如湖面托起一座仙山琼台。

四、最传奇的乌金桥

　　乌金桥坐落在镇西北郊，是当年苏州到同里的必经之路，也是古镇的重要入口。相传古镇百姓为迎接太平军，一夜之间修建了此桥。桥面中心方石上特意刻了一幅"马上报喜"浮雕，以预祝太平军旗开

乌金桥

第五章　水乡明珠——同里／109

得胜、马到成功。浮雕上方的报喜之鸟并非喜鹊，而是鹦鹉。洪秀全曾在《坚耐踊跃同顶纲常同手足诏》称，"鹦鹉所讲，上帝圣旨，诏称瑞鸟爷恩赐"。

五、最吉利的"三桥"

同里的桥以三桥（即太平桥、吉利桥和长庆桥）最有代表性。此三座古石桥，跨三圩，越两港，相距不足50米，呈三足鼎立的姿态，相依相偎在古镇的中心。

太平桥，跨东柳、漆字两圩，桥为梁式，小巧玲珑，桥上有一副对联："永济太平南北路，落成嘉庆廿三年。"记录了太平桥的建成时间和位置。

吉利桥，跨漆字、禾因禾廉两圩，处太平桥、长庆桥两桥中间，为东西走向，桥为拱形石桥，桥的南北均有一副桥联，南为"浅渚波光云影，小桥流水江村"，北为"吉利桥横形半月，太平梁峙映双虹"。

长庆桥，俗名谢家桥，又名福建桥、广利桥，跨东柳、禾因禾廉两圩。桥上有桥联一副："共解囊金成利济，好留柱石待标题。"

三桥呈"品"字形，跨于三河交汇处，自然形成环形街道。沿河青石驳岸，水木清华，秀色可餐，成为古镇一道独特的风景。民间有这样一个谚语："走过太平桥，一年四季身体好。走过吉利桥，生意兴隆步步高。走过长庆桥，青春常驻永不老。"

水乡婚俗

知识小百科

走三桥

同里人每逢婚嫁喜事，都有"走三桥"的习俗，"走桥"为的是避灾求福，包含着祈求子孙后代繁衍发达的希冀。特别是迎亲时，花轿在鼓乐鞭炮声中绕行三桥，口中念着"太平、吉利、长庆"，寄托对幸福吉利的祈祷。

老人66岁生日那天，正餐后也要在太平桥、吉利桥、长庆桥走一遍。当地有这样的谚语："老年人，走三桥，鹤发童颜，寿比南山高。"

第三节 深宅大院 华丽宅第

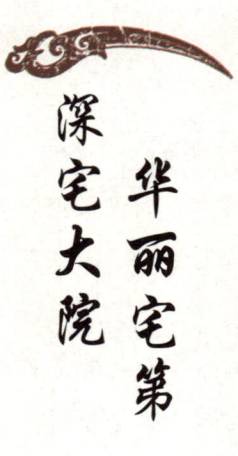

一、刘氏宅院"嘉荫堂"

嘉荫堂,位于竹行街尤家弄口,建于民国初年(1912年),有四进,门窗梁栋皆雕刻精美。房主柳炳南,北厍人,开油坊出身,发迹后迁于同里营建宅第,故嘉荫堂又称为柳宅。房主柳炳南与著名爱国诗人柳亚子先生同宗。

嘉荫堂

嘉荫堂的主建筑属于仿明代结构,俗称"纱帽厅",因梁头桲木像明代官帽的帽翅,故而得名。整座大厅高大宽敞,肃穆庄重。厅内到处刻着图案,五架梁两侧刻有"八骏图",梁两端刻有"凤寒牡丹",梁底则刻有"称心如意""必定高中"等图案,分别取一柄如意、一支笔、一只银锭的谐音来寓意。就连拳头大小的一块"峰头",也刻上了寓意"连生贵子"的莲蓬，真是琳琅满目、美不胜收。更为罕见的是，纱帽翅（即棹木）上也镂空雕刻上了《三国演义》中的"古城会""三英战吕布""三顾茅庐""草船借箭"等8幅形象逼真、呼之欲出的图画，让人不由拍案叫绝。这组木雕现已被《中国戏曲志·苏州分卷》收录。

内宅堂楼名叫衍庆楼。楼前是一座仿木结构的砖雕门楼，门楼上枋刻有"暗八仙"浅浮雕，即以物代人，图案有意隐去传说中吕洞宾、张果老等八仙的形象，而用每一位仙人的随身宝物替代，在

衍庆楼

艺术构思上别开生面。下枋一块玉中心刻有"福禄寿"三星的深浮雕，字牌上刻着"厚道传家"4个大字。一幅幅惟妙惟肖、栩栩如生的名人逸事木雕，工艺着实精湛。

位于衍庆楼西北隅还有一座"水秀阁"，小阁临水而筑，小巧玲珑。置身其中，可闻风声、水声、鸟叫声。从阁窗俯视，小桥驳岸，老树苍翠，是一个修身养性的好去处。

二、木雕精品"崇本堂"

崇本堂位于富观街长庆桥北堍，也建于民国初年（1912年），东与嘉荫堂隔河相望，西与长庆桥等三桥相连，整齐的石驳岸护卫着这座古朴的宅第。如果把同里比作一座古建筑的博物馆的话，那么崇本堂就是这座博物馆中一件雕刻精致的艺术品。

崇本堂是主人钱幼琴于民国元年（1912年）购买顾氏"西宅别业"部分旧宅翻建而成。整个建筑群体沿中轴线向纵深发展，共五进，由门厅、

正厅、前楼、后楼、厨房等组成。该堂虽不足1亩，建筑体量不大，但布局非常紧凑和精致。

崇本堂的建筑结构颇为科学，正厅与堂楼之间均有封火墙隔断，门楼与过道两侧设有"蟹眼天井"，既可通风采光，又能泻水防火。备弄黑咕隆咚，深不可测，据说抗战时期就连凶狠的日本鬼子，面对备弄也束手无策，不敢贸然入内，深怕中了埋伏。

崇本堂字牌

崇本堂以雕刻著名，共有木雕100余幅，内容各异，画面简洁明快，构图生动活泼，刀法圆润娴熟。砖雕门楼上方设置了仿木结构的飞椽斗拱，拱眼板上刻有夔龙细纹，下面是花岗岩制作的条石门槛，两端饰有如意香草纹，还有暗喻升官发财的"鲤鱼跳龙门"的深浮雕。门楼的字牌两侧各有一幅人物山水画，字牌上端庄有力地写着"崇德思本"4个大字。"德"乃世人安身立命之根本，亦是宅第主人崇尚的为人之道。砖雕正脊还有一幅"望子成龙"图，上面人欢鱼跃，使人浮想联翩。正厅窗棂腰板上的全套14幅《西厢记》故事，更是令人称绝。

三、伏卧的仙鹤"务本堂"

务本堂位于新镇街，占地2000多平方米，重建于清康熙、雍正年间，俗称叶家墙门。整个务本堂由一条深长的陪弄将几十间房厅隔为东、西两块。务本堂前后共五进，分轿厅、茶厅、正厅、堂楼及下房。正厅面阔5间，其高大宽敞数同里首家。其中船厅建筑造型别致、雕刻精细，模仿画舫建造，有5个舱，用雕花隔扇隔开，左右轩如船舷，设有"吴王靠"，船窗选用明瓦,开启时用竹竿撑出。

务本堂楼式既有明代旧构,又有清代建筑的走马楼,为后人研究明清建筑手法提供了宝贵实例。其堂名"务本",与镇中"思本""崇本"命名一样,皆有"以人为根本"的含义,寄托了几代人的期望。

务本堂

奇怪的是,如此庞大的建筑中竟然没有一口水井。过去务本堂的祖祖辈辈,都是喝门前河水长大的,各家各户每天一桶桶地拎水,实为一项相当艰巨的劳动。那么,究竟为何不挖井取水呢?原来,务本堂的祖先会看风水,其建筑格局有如一只朝南伏卧的仙鹤,那狭长的陪弄谓之鹤颈,一进又一进的房厅即是鹤身,陪弄两侧的房宇当然就是鹤翅,原先的墙门就像仙鹤张开嘴巴,伸向河边汲水。据称当年造屋时,河对岸还有一大片草地,足够仙鹤生生世世吃喝不愁。为了不破坏宅第风水,老祖宗规定墙门内不得挖井开泉,唯恐那仙鹤取水后展翅而飞。因此,生活在务本堂的人们,宁可受累拎水,也不愿破坏了风水。

四、花园景致"耕乐堂"

耕乐堂在陆家埭北首,为明代处士朱祥所建。整个建筑占地约4266.688平方米,初建时有五进52间,后经历几朝兴废,现尚存三进41间。有园、斋、阁、榭。门厅露明3间,庄重朴实、高大宽畅,形为清代后期建筑。宅楼西侧有一条陪弄直通后园,园中置有荷花池,荷花池四周湖石镶砌,高低参差,清幽别致。

荷花池南面有鸳鸯厅,面阔3间,窗明几净,与环秀阁隔池相望,一高一低遥为对景。环秀阁跨水而筑，造型别致。从环秀阁绕假山辗转而下，便是桂花厅。桂花厅自成院落，院中植有金桂、银桂两株古树，虽历尽风雨沧桑，但每年金秋季节，古桂依然馥郁芬芳。

鸳鸯厅

耕乐堂

知识小百科

朱宅五鹤门楼

砖雕是同里民宅的一大景观，现存砖雕大部分在旧宅和园林的门楼、照墙、脊饰等处，其中，以朱宅五鹤门楼最为壮观，5只雄鹤侍立盘旋，飘逸中显露出一种仙风道骨。此门楼堪称江南砖雕艺术之精品。

第四节 废园寻梦 追思访盛

一、追述故迹

同里具有悠久的造园历史，但是很多园林都被历史的风尘吹落得无影无踪。我们现在只能从前人留下的诗文、杂记中去寻找它们的踪迹。

水竹墅别业 大概是同里最早的园林，为宋代著名诗人叶茵所建。叶茵所建的水竹墅桥跨西珠、西柳两圩，叶茵曾就其别业中的景观题诗10首：《曲水流觞》《峭壁寒潭》《安乐窝》《野堂》《竹风水月》《广寒世界》《盟鸥》《得春桥》《赏心桥》《寻源桥》。从这些题名可以看出，园内的建筑或景观都是借景于水，以水取胜，景物秀致，视野辽阔。水竹墅别业，堪称同里镇有史可证的颇具规模的园林佳构。

水花园 元末明初为镇上富户叶振宗所居。因连接同里湖滨，园在湖旁，故称为水花园。园广数里，中有聚书楼、约鸥亭、小垂虹，池阁石梁，映带左右。明代张居杰在其《过访何方伯》诗中有句"湖山佳处足徜徉"，此时水花园尚好，是流连玩赏的佳处。清康熙末年（1722年），被誉为"南国才人冠"的顾我琦曾赋题为《同静宜水花园晚眺写怀》一首，曰："落日映沧波，联镳此夕过。烟深遥艇没，云尽远山多。"足证是时水花园遗址尚存，堪供临迹凭吊，而抒发感时伤怀。

有竹居 旧址在庞山湖滨。明洪武初，曾任南康郡丞的任仲真因疾归故，访旧同里，特别喜爱湖滨的湖光山色，于是构建园第，建有竹园。任仲真曾赋有《构有竹园》五律一首："幽竹扇清风，野花香奄菱。小石当绳床，大石几可代。独坐看道书，饮水如沆瀣。"

环翠山庄 位于镇南西初圩，大燕港畔，建于清同治中叶（1866—1871年），是严宝礼的祖居。环翠山庄占地5亩，东部称严家花园，布局别致，以荷花池为中心，池周设有假山、八角亭、船厅、四面厅（原称旱船）、梅花馆（又称书房）、观梅台、花厅、"绿云小憩"、曲桥等建筑。严友兰善画花卉，又精书法，严三和得家传，初画山水、花鸟，后工墨梅墨兰，在画屋四周植梅，室中悬"梅坞"匾额，号梅坞居士、梅坞主人。荷花池上两座小桥：一座为曲桥，另一座为独步桥。园中广植翠竹、桂花、山茶、竹桃、黄杨、冬青、石榴等花木，有"环翠"之意，故得名环翠山庄。

二、诗情画意"退思园"

退思园，俗称任家花园，位于同里镇古镇区新填街234号。东连丽则女学，南与退思小广场、明清街相望，西邻退思广场及古戏台，北靠南濠弄。

退思园小巧玲珑，布局独特。设计者打破了常规的建筑格局，在汲取苏州园林精华的基础上独辟蹊径，改纵向为横向，自西向东，左为第宅，中为庭院，右为花园。亭、

退思园

台、楼、阁、廊、坊、桥、榭、厅、堂、房、轩,一应俱全,布局紧凑自然。退思园从宅开始,到最后一厅结束,以春、夏、秋、冬四景的发展为主线,一气呵成。主园还穿插着琴、棋、书、画四艺的精巧构思,可谓独具匠心、巧夺天工。

第宅分为内宅和外宅两部分。外宅,有门厅、茶厅、正厅三进。门厅和茶厅是停轿接客的地方。每遇婚嫁喜事、祭祖典礼或贵宾光临,就打开正厅,以示隆重。正厅内有一只高大的落地钟,镶嵌在木质框架中,蕴含"尽忠"之意。内宅是园主及其家眷起居之处,以园主任兰生的字命名,曰"畹芗楼"。该楼南北相对,以回廊相连,各有五楼五底,横向对称布置,一式落地长窗,宽敞典雅。回廊两侧各设楼梯,可供上下,既遮阳避雨,又方便主仆上下时避让。整个宅院布局紧凑,可分可合,分开则各成院落,合并则浑然一体,可见设计者袁龙心思缜密。

庭院是第宅和花园的过渡,院中樟朴如盖,古兰飘香,清雅幽邃。整个庭院以庭居中,主要建筑南北相对环绕在庭的周围。庭北是整个庭院的主体建筑——坐春望月楼。登上此楼,可望月吟唱,也可楼前踏月,静赏花木。真有苏轼所谓的"庭下如积水空明,水中藻、荇交横"之感。位于坐春望月楼东北角的是一座不规则的五角形楼阁,名叫揽胜阁。揽胜阁分上下互不相通的两层,上层与坐春望月楼相通,底层则需在内园中才能出入。在阁中居高临下,花园佳境可一览无余。在庭院的东南侧,与坐春望月楼相对的是岁寒居。透过居室的小花窗,可见松、竹、梅傲雪相伴,多姿多态,一幅天然的"岁寒三友"图随即呈现眼前。庭中最醒目的建筑是位于庭西的旱船。以船舫作园林点缀,在江南颇为多见,可这里是"旱船",故更显独特。旱船一半伸展于庭中,与月洞门相对;一半与封火门相通,仿佛一艘靠岸的客船。旱船北侧植有广玉兰一棵,是任兰生亲自种植,寓意园主"兰生"之名。

花园是退思园的主园,小巧精致,清雅宜人。以池为中心,四周环置着亭台楼阁、廊坊桥榭、厅堂房轩，都贴水而筑，仿佛浮于水面，故有"贴水园"之称。

进入内园的第一个景点，也是南北曲廊的中心——水香榭。檐牙高喙，悬立水面，如出水芙蓉一般。壁间镶有一面明镜，透过明镜观赏满园景色，趣味盎然。水香榭周围有曲折有致的曲廊，西南侧曲廊廊壁上设有镶嵌着"清风明月不须一钱买"9个大字的9框漏窗，这9个字字体奇巧古拙，是秦始皇统一文字时的大篆。西北的回廊廊壁上嵌砌着清初书画家恽南田的12方临古书帖，勾刻精致。

水香榭之南是名为"闹红一舸"的一艘石舫，"闹红一舸"出自姜夔《念奴娇》："闹红一舸，记来时，尝与鸳鸯为侣，三十六陂人未到，水佩风裳无数。"此石舫乍看有头而无尾，船身由湖石托起，半浸在水中，水流穿越湖石的孔窍时，会发出潺潺的声响。石舫风吹不动、浪打不摇，然人站船头，却有小舟荡漾之感。

退思草堂是全园的主景，古朴素雅，形态庄重。草堂设计为鸳鸯厅式，厅后有一《归去来兮辞》碑拓，为元代大书画家赵孟頫所书。堂前宽阔整齐的平台伸入水中，宛如临波踏水。站在平台上，可看到全园的景色有如一幅山水画卷。

退思园

退思园有诗情，富画意。位于三曲桥东侧的琴房掩映在花水之间，抚琴于此，清雅悠然。琴房南面的假山眠云亭峭立其巅。在地坪上，有一幅以鹅卵石镶嵌而成的"瓶生三戟"图案，与"平升三级"谐音，寓意官场追逐平升通达。

花园东南角的菰雨生凉轩也是鸳鸯格局，有一屏风将其分隔成南北两室。屏北正中央放置着一面明镜，镜前置湘妃榻一张，若逢盛夏酷暑，静卧在榻上，对镜观景，顿感清爽畅快。更为叫绝的是轩底原铺设3条水道，池水循环其间，有天然的降温功效，真是生"凉"有方，妙在其中。可惜这3条水道都毁于"文化大革命"。

揽胜阁、菰雨生凉轩和天桥，被称为退思园建筑中的"三绝"。天桥古称"复道"，又称"阁道"，其构造别致，上为桥，下为廊。此桥前后贯通，八面来风，游者居高临下，凭栏眺望，犹如置身于山水画卷之中。1985年评选"中国十大风景名胜"时，天桥被列为苏州园林的首选景点。1986年天桥入选《人民画报》第1期"中国十大风景名胜"专栏，成为"苏州园林"最具代表性的佳作。1991年《人民画报》第11期以"水乡泽国话同里"为专题，报道了同里水乡风貌和园林景观，并重点介绍了天桥。2002年3月，欧盟外委会主席彭定康来同里参观，面对天桥，曾发出"太美了"的赞叹。

天桥楼廊尽处，有"行至桥端似无路，随山拾级豁然通"的辛台。辛者，辛苦之意。辛台为2层方形鸳鸯厅，是读书求学之所。辛台南侧的天井中，有紫丹桂2棵，这种树开的桂

退思园楼廊

花是紫红色，与其他桂花不同。天井的地面上砌有"百结图"一幅，取意百事吉利。在天桥西北侧，矗立着一块巨大的独体太湖石，这就是"老人峰"。远望，其形酷似老人。在其顶端有一奇石，远望似老人头上的一顶帽子，近看酷似一长寿龟，形神兼备。此石为"灵璧石"，其与退思草堂

中的《归去来兮辞》碑拓、回廊壁上的大篆文"清风明月不须一钱买"一同被称为退思园的"三珍"。

知识小百科

退思园的由来

退思园始建于清光绪十一年（1885年），落成于光绪十三年（1887年），是原任安徽凤颍六泗兵备道任兰生被参劾罢官回乡后，花10万两白银建造的私家宅园。设计者为画家袁龙。园名源自《左传》："林父之事君也，进思尽忠，退思补过，社稷之卫也。"《孝经·事君章第十七》亦有："子曰：君子之事上也，进思尽忠，退思补过，将顺其美，匡救其恶，故上下能相亲也。""退思补过"的本义在于补救君王之过。而任兰生建园，在其贬官归田之后，取此园名颇有韬光养晦之意，以示反思己过，表白报效君王、效忠朝廷之志。他的弟弟任艾生哭兄诗中的"题取退思期补过，平泉草木漫同春"，也表明了此中深意。

第五节 民俗风情 特色物产

一、新年伊始"点罗汉"

农历大年初一到初五，同里四乡八邻的善男信女要做的第一件事，就是赶到古镇西南的"南观"支点罗汉，以祈求四季平安。罗汉堂里并没有塑像，而是18位罗汉的画像。到了晚上，近郊几个自然村便联合起来出夜会，龙灯随着锣鼓翩翩起舞，其景色很是壮美别致。另有一些村子则串马灯、串花篮、舞狮子，同样热闹非凡，其中以蒋家浜的独狮子最为有名。

二、六月廿三"闸水龙"

这是古镇同里的一大特色。到了农历六月廿三这一天，四周乡村的人都要赶来看闸水龙，这实际上是一年一度的消防比赛。比赛地点从大庙开始，向西一直排到渡船桥塊，越向西河面越开阔。最西的一条消防龙是米业工会的一部用汽车引擎发动的消防车，功率大、射程远；其他则是人力的，射程一般都不远，但拿龙头的人有时故意将龙头朝天发射，把飘飘洒洒的水珠泼向没带雨伞的人群，弄得看客浑身湿漉漉的，但大家仍嘻嘻哈哈的很是开心。

三、七月三十"放水灯"

农历七月三十是地藏菩萨的生日，黄昏时分，每家每户都要在自家的门口或庭院内点烛烧香，香可以一支一支地分插在地上，俗称"狗道场"。这与全国许多地方并无差别，但烧地香过后的放水灯则是古镇同里所特有的了。水灯是用牛皮纸制成的圆形有底的灯盏，中间放一只用泥制成后晒干的鸭脚，呈三角爪形，鸭脚中有个小孔，可安放灯草，然后往灯盏里加满菜油。放灯的时候，前面一只船上由僧人演奏佛教音乐，后面一只船则专门把油纸灯内的灯草点着，然后慢慢放到水面上。就这样，一边奏乐一边放水灯，不消一个时辰，整个同里镇内的河面上一闪一闪亮起许多水灯，犹如满天星斗落放河中，景色十分壮丽。

放水灯

四、水中人参"芡实"

产自同里西北荡的芡实（俗称"鸡头米"），是同里土特产的上品，被誉为"水中人参"。芡实含有丰富的淀粉和蛋白质，据《本草纲目》记载，芡实能补气强志。将芡实加冰糖熬煮，是消暑的妙品。

芡实好吃益处多，但剥芡实却是一件苦事。因为芡实的外壳十分坚硬，须用剪刀剪开才能剥肉。同里贫困人家的妇女将"剪鸡头"作为一项副业，以补贴家用。

芡实

五、"本堂斋"特产闵饼

闵饼是同里闵家湾颇负盛名的传统糕点,已有400多年历史,其制作仅闵氏一家,世传其业,故称"闵饼"。闵饼用"闵饼草"揉入米粉做皮,以豆沙、胡桃肉做馅,蒸制而成,是青团的一种,色泽黛青、光亮细洁,入口油而不腻、清香滑糯,具有独特的江南农家风味。清代,闵饼曾被列为朝廷贡品,选送给慈禧太后品尝。明代画家沈周曾赋诗一首赞美曰:"香剂圆从范,青膏软出蒸。女工虚郑缟,士宴夺唐绫。"

慈禧太后

第六章 中国第一水乡——周庄

第一节 灵秀周庄 古桥水巷

"黄山集中国山川之美,周庄集中国水乡之美"。若要在中国选一个最具代表性的水乡古镇,毫无疑问,她就是"中国第一水乡"周庄。

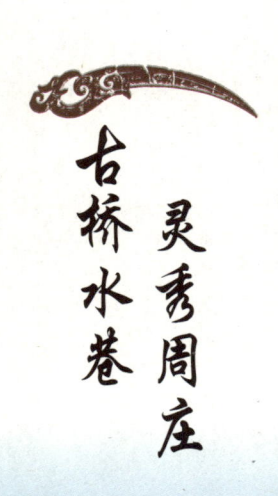

一、水巷灵动

周庄的水,是流动的宣纸。桨声橹影,那是宣纸上游动的墨点和线条。从石栏驳岸缝里伸延出来的苔痕,以墨绿的浅浅的触须,搅动着水巷的心律。岸边,戴望舒笔下丁香一样的姑娘在雨中徘徊,蕙风似的纤手,撑一柄桐油纸伞。雨淅淅沥沥地下着,伞顶上溅飞着蓝绸般的梦幻相思。橹声咿呀,一叶扁舟自宋朝启程,一路经过了元、明、清。灯影深处,宋人的诗词逸句,元、明、清的逸闻雅事,纷纷从水巷爬上油亮光洁的橹梢,筑巢于橹梢。宋、元、明、清的遗风,在烟雨水墨间或呢喃或繁衍……

周庄水巷

二、古桥秀美

周庄纵横交错的河道水巷,把古镇既分割开来,又连成一片。因水成路,连水成街。有水,自然有桥,水、路、桥融为一体,优美而又和谐。周庄多古桥,建于元、明、清的就有14座。那些造型朴拙的石桥,横跨于河道之上，远远望去，小桥流水、黛瓦白墙，正是典型的江南水乡。

双桥，俗称钥匙桥，由一座石拱桥——世德桥和一座石梁桥——永安桥组成。清澈的银子浜和南北市河在镇区东北交汇成十字，河上的石桥联袂筑成，显得十分别致。因为桥面一横一竖，桥洞一方一圆，样子很像是古时候人们使用的钥匙，当地人便称为"钥匙桥"。双桥最能体现古镇的神韵，碧水泱泱，绿树掩映，款款而行的小船在桥洞穿过。站在市河一侧举目望去，钥匙形的双桥连通不远处的清代石拱桥——太平桥，一个镜头可以摄下市河上的3座古桥。

双 桥

太平桥位于后港东口，连接城隍埭和蚬江街，桥梁刻有"莲座"图案，清初整修，桥身石缝里长着藤蔓，遮掩着石拱洞券，桥旁是沈体兰的旧宅。灰墙面坡屋顶，山墙漏窗，高低错落的民居，清清的流水，是人们选为最佳画面的镜头之一。1991年4月，日本女画家桥本心泉慕名专程到周庄写生，她选择太平桥作为创作题材，把自己也画了进去：透过圆圆的桥洞，一位日本女子正端坐在水港岸边写生。两年后，桥本心泉在上海举办画展，展览结束后，她又专程来到周庄，把这幅题为《同庄的某一天》的油画赠送给周庄。从此，太平桥就和日本爱好和平的人们联系起来，成为中日两国人民希望永远和平友好相处的见证，这是一个真实的中日友谊的故事。

福洪桥在后港西口，是一座造型别致的石梁桥。桥身中间的条石上，镂刻着图案对称的花纹，中间镌有"福洪桥"3字。但当地老百姓却叫它洪桥，反而把它的真名忘记了。相传在太平天国年间，农民起义军反抗清政府的统治，但由于种种原因，遭到失败。当时有一支太平军从外地流落到周庄，当地地主豪绅十分恐惧，勾结清政府，一面散布许多谣言，污蔑他们是青面獠牙的"长毛"，一面伺机将太平军镇压。有一天，大地主黄通令纠集地主武装势力，在福洪桥上残酷地杀害了几百个太平军的士兵，太平军士兵的鲜血染红了福洪桥的石阶，染红了碧澄的后港河。由于"红"和"洪"谐音，从此人们就把福洪桥称为洪（红）桥，用以纪念壮烈牺牲的太平军士兵。100多年过去了，洪桥的名字仍然在流传。

富安桥，位于中市街东端，横跨南北市河，通南北市街，相传桥旁有总管庙，原名总管桥。元至正十五年（1355年）由里人杨钟建。最初是青石面无级梯的一座桥，明成化十四年（1478年）、嘉靖元年（1522年）

富安桥

两次重修，为单孔拱桥。清咸丰五年（1855年）再次重修，将青石面改成花岗石，东西有阶梯，中间为平面，刻有浮雕图案，桥身四角有桥楼，临波拔起，遥遥相对。据说沈万三的弟弟沈万四，因不愿重蹈其哥哥与朱元璋作对最终被发配充军的覆辙，而主动捐钱为乡里做好事，曾捐钱修建过富安桥。富安桥的名字，就是表达他富裕以后祈求安康的心愿。桥上有5块江南一带罕见的武康石，较长的一块在桥东以作为行人坐歇的栏杆石，一块用作桥阶，较短的3块铺在西桥堍，足以证明该桥历史悠久。武康石采自浙江德清县的山崖间，石面布有细小的蜂窝眼，颜色深赭，不易磨损，几百年来不知走过了多少脚步，仍基本保持原状，雨雪天也不打滑。

第六章　中国第一水乡——周庄 / 131

第二节 锦绣江南 和美周庄

一、周庄古八景

全福晓钟 全福讲寺原坐落在周庄镇西侧的白蚬江畔。最初叫"泉福寺"，是周迪功郎及夫人的舍宅。以后不断扩建，才梵宫重叠，乔木荫翳，成为苏杭一带有名的佛寺。寺内有一巨钟，重1500公斤，悬于大雄宝殿左侧。每当拂晓时分，寺内和尚撞钟，声音传送至数十里外，人们把它当作报晓的金鸡，纷纷闻声起床。

全福讲寺

指归春望　全福讲寺中有一佛阁，高耸于梵宫之中，名为"指归阁"，飞檐翘角，四面有窗。每当春光明媚、风和日丽之时，人们常常登阁眺望远方隐约的黛山，近处浩瀚的水面。村庄里桃红柳绿，田野中麦青花黄，尽收眼底，令人心旷神怡。

指归阁

钵亭夕照　镇北永庆庵，后院有一个荷花池，池边有一个小亭子，因为庵中人常常在此洗钵，所以名叫钵亭。钵亭面西背东，前有一泓清水，后有百年古柳，环境十分幽静。闲坐亭中，白天，垂柳拂水，风送荷香；傍晚，夕阳西下，波影闪烁。常常使人沉浸其中，乐而忘返。

蚬江渔唱　白蚬江长10余里，横亘于周庄镇西侧，因江中盛产白蚬而得名。每当下午，渔船满载而归，在江畔抛锚泊船，晾网卖鱼，平静的港湾立刻沸腾起来。傍晚时分，船头三五成群的渔民纷纷饮酒作乐。待明月初升，酒兴正酣，不知谁先扣弦高歌，于是此起彼伏，互相应答。古老的渔歌在江面上传得很远，一派粗犷淳厚的情趣。

南湖秋月　南湖位于镇南，湖面辽阔。南湖景色四季皆宜，而秋夜的月色更加醉人。当金风送爽、明月高悬时，湖面上一片碧绿、一带金黄，真有"长烟一空，皓月千里，浮光跃金，静影沉璧"的意境。

南湖长桥

第六章　中国第一水乡——周庄／133

庄田落雁 庄田，又名蒲田，是南湖西面的一个独圩。湖边长满香蒲、芦苇，护卫着独圩，多少年来庄田始终未被湖水荡平，成为候鸟栖息的好地方。每当秋季，香蒲吐穗，芦花泛白，庄田显得茂密而有生机，吸引了无数南飞的大雁。白天，雁群在空中盘旋、萦绕；夜晚，雁群随着暮色的降临而垂落，蔚为壮观。

急水扬帆 急水港西连白蚬江，东达淀山湖，江面宽阔，水流湍急。有时北风急吹，浊浪排空，令人望而生畏。有时风平浪静，碧水东流，又让人诗意盎然。而白帆片片、百舸争流的情景，更使人想起苏轼的词句"大江东去，浪淘尽，千古风流人物"，让人顿生满腔豪情。

东庄积雪 东庄在周庄的东郊，有1300亩（近87公顷）土地。春天麦苗碧绿，秋天稻谷金黄，是膏腴之地、肥沃之土，相传为沈万三囤粮之处，又名"东仓"。每当冬季雪后，平坦的土地银装素裹，像一块晶莹的白玉，无边无垠，坦荡如砥，成为踏雪赏景的好去处。

随着岁月的变迁，周庄古八景有的增添了新的光彩，有的却已影踪难觅，被历史的风尘所湮没。

二、周庄新名胜

牌楼塔影 全福路南端的新老镇区交界处，矗立着一座仿古牌楼。4根坚固挺拔的浅褐色花岗石方形柱子，支撑起重檐翘脊的盖顶；浑然粗犷的木质斗拱，透露出仿明建筑的风采。整座牌楼气势轩昂，形态翼然，恰如古镇周庄的一道庄重古朴的门扉。

精錾细雕的建筑工艺、华美隽永的柱联额字，使牌楼越发神彩飞扬。北侧匾额"贞丰泽国"4个涂金隶书大字，为沈鹏所书，把人们的思绪带回到千年之前——脚下这片美丽的水乡故土叫贞丰里。柱联为冯英子吟句、顾廷龙手迹。上联是"贞坚不贰攀日康庄有道路"，下联是"丰衣足食向阳桃李自逢时"，墨绿色的阴文楷书，显得端庄得体。至于联句大意，冯英子曾站在牌楼边指着柱联诙谐地说，周庄人民坚贞不屈，勇于攀登，终于找到一条新生之路，而今丰衣足食的幸福生活，全靠党的富民政策。南侧匾额"唐风孑遗"，系左笔费新我所书，行草兼形，神采飘逸，实在是对古风独存、保护完

周庄牌楼

好的周庄古镇之精辟写照和由衷赞叹。柱联由周慧田借用古诗句吟成并挥笔题写，上句是"万顷碧波水光潋滟晴方好"，下句是"百尺凌云塔影横斜景亦奇"。读着这笔势神运、意韵天成的联句，眼前顿时凸显出一幅湖光帆影、烟雨蒙蒙、堞墙塔耸的古镇水墨画。

牌楼西侧的仿古屋顶丛中，耸立着一座仿古宝塔——全福塔。该塔是混凝土木结构，高33米，5层六角形檐，翘角凌空，风铃高悬，煞是古朴雅致，与古镇的粉墙黛瓦相映生辉。人们沿着塔内螺旋式阶梯登高眺望，则远山近水、屋舍田园尽收眼底。

南湖 一湾新月洒下银辉，轻纱似的笼罩着南湖。盈盈碧水轻轻地摇晃着夜泊的渔舟，几只银白色的湖鸥如精灵一般，悄然无声地掠过平静的湖面。不知从哪儿传出的幽婉乐曲，与融融的灯光一起泻入夜空，撩拨着人们的心弦。秋日的黄昏，南湖是最具魅力的。

这是周庄镇南濒临的一片大湖，俗称南湖、南白荡，与吴江分界。湖滨茂林修竹，环境幽静，湖水清澈澄净，鱼虾丰盛。这里既是一个天然水库和养鱼场，又是一个不可多得的风景区。南湖景色四季皆宜，秋夜的月色格外醉人。

《周庄镇志》记载，南湖本名张矢鱼湖，是因为西晋文学家张翰辞官返乡而得名。在张翰之后，唐代诗人刘禹锡、陆龟蒙也曾经在南湖寓居游

第六章 中国第一水乡——周庄 / 135

南湖风光

钓。湖边原来还有一座名叫清远庵的佛堂，庵内设有刘公祠。这是为了纪念诗人、政治家刘禹锡而修建的。

清远庵几经焚毁，又不断修复，直至清代，时间过去了好几百年，唐代旧规已不复存在，人们就专门在清远庵中修了一室，作为刘公祠。

南湖园占地54亩，建筑面积6300平方米，分春、夏、秋、冬4个景区。春、夏景区以山水园林为特征，以荷花池为中心，望湖楼、湖心亭、九曲桥临池而筑，凌波石舫隔水相对，一派古典园林的风格，宁静雅致。春天，池边垂柳依依，百花吐艳；夏天，荷池红，幢翠盖，金鲤跃波。秋景区以仿古建筑为特色，集厅堂、亭榭、轩祠、假山为一体，古意盎然。其中的思鲈堂和季鹰斋为纪念张翰而建造；而刘宾客舍和梦得榭则是为纪念刘禹锡而建造，代替了原来的刘公祠。冬景区以全福寺为中心，建造了带有宗教色彩的建筑群，使"水中佛国"焕发光彩，吸引了无数善男信女。

周庄地处太湖流域，四周湖荡围拥。南湖以宽阔的水面濒临古镇，当是大自然的造化。这片有近千亩水面的大湖，为周庄带来丰沛的水源。古镇区河道如蛛网密布，浇灌着湖边数万亩粮田桑园。南湖巧妙地调节着气候，夏天总是要比别处凉爽几分，人们很愿意前来消暑，南湖的碧波便是一处上佳的天然游泳池。冬天，当许多名山大川行人罕至时，南湖依然以粼粼波光吸引着众多旅游者。

> **知识小百科**
>
> **张翰**
>
> 张翰，字季鹰，西晋文学家、书法家，世居周庄镇南二图港（近南湖）。《晋书》中说他"有清才，善属文而放纵不拘"。晋惠帝永宁元年（301年），齐王司马同辅政，张翰任大司马东曹掾。当时因政治腐败，天下大乱，张翰为了避免不测之祸，遂以秋风起，思念家乡的莼菜、莼羹、鲈鱼为借口，从洛阳辞官返乡，游钓于周庄南湖，与动乱的世事隔绝，过着悠闲宁静的生活。有人奇怪，为什么好好的放着官不当，他说："人生贵得适志，何能羁官数千里，以要杯酒。"这个典故，就是"莼鲈之思"。

迷楼　迷楼地处贞丰桥畔，原名德记酒店。店主李德夫祖籍镇江，于清光绪末年（1908年）携家眷迁至周庄，因擅长烹调珍馐佳肴，掌勺开设酒店。夫妻俩年过40，才喜得千金名唤阿金。阿金长大后，如一枝出水芙蓉，在水乡周庄压倒群芳。在父母的宠爱下，抵制缠足，"大脚观音"的雅号不胫而走。求婚者纷至沓来，李德夫难舍爱女远离膝下，小楼藏娇，让她守着双亲共度生涯，当垆劝酒，张罗顾客，生意红火。

迷　楼

其时，周庄为重要商埠集镇，贞丰桥是镇境水陆要津，附近商店毗连，贾客云集。德记酒店地处小桥流水、富于诗情画意的闹市之中。宾客设酒临风，窗外波光桥影，舟楫往来，飞燕呢喃入轩窗，鹭鸶捕鱼生妙趣⋯⋯正是"酒不醉人人自醉，风景宜人亦迷人"，因此，德记酒店幸得"迷楼"雅称。

澄虚道院 澄虚道院俗称"圣堂"，创建于宋元祐年间（1086—1094年），距今已有900余年的历史。道院内的道教活动自明代以来，代代相传，久盛不衰。每年农历六月二十一、二十二，还要举行火神醮，设坛祭祷，祈求神明佐助，菩萨保佑，防止火灾降临，使老百姓能安居乐业。火神醮后两天，还要举行规模较大的雷祖公醮。道院内的法师和道士，内衬竹枝衫（一种细小竹枝编织成的背心，用以隔汗通风），外穿道袍，按照严格的仪程，吹打鼓乐，诵经礼赞。在香烟缭绕的神秘气氛中，有的法师还显示自己的技巧，表演空中接铜钹的绝技，将一只大铜钹竖立在另一只大铜钹中，令其旋转不停，沙沙有声。前来观看的善男信女，虔诚地祈求苍天保佑国泰民安、年年丰收。《周庄镇志》上记载的"中祀礼节，悉如帝王祀典之隆，亘古未有也"，正是指澄虚道院中每年举行的几次打醮仪式。

为了发展旅游事业，让传统文化重放光彩，从1993年起，当地政府对历经岁月风霜的澄虚道院进行了全面修缮，并将其列为昆山市级文物保护单位。修缮后的澄虚道院，仍保持宋代建筑风格，楼阁嵯

澄虚道观

峨，殿宇宏伟。诸殿中安放的神像使人肃穆敬畏，玉皇阁屋脊上的"风调雨顺，国泰民安"8个大字依然光彩照人。

全福讲寺　周庄老八景中提到的全福讲寺，是远近闻名的古刹。而今，与古镇同龄共存的全福讲寺已修葺一新。"水中佛国"重新生辉，使周庄这颗水乡明珠更加璀璨。

宋元祐元年（1086年），里人周迪功郎舍宅为寺，在镇西北白蚬湖畔建全福寺，经历代不断扩建，梵宫重叠、楼阁峥嵘、碧水环绕、香火鼎盛，成为江南以经忏为主、沐佛恩光的名寺。全寺共有五进，主体建筑大雄宝殿，殿宇雄伟，步入殿内，高达3丈余的如来大佛巍然盘膝而坐，佛手掌中可卧一人，佛身倍于江浙各大寺院。据清《周庄镇志》载：如来大佛本苏州虎丘海涌峰云岩寺世尊像，清顺治五年（1648年），总戎杨承祖兵驻白蚬湖边，迎于寺内。大佛左右伫立伟如二峰的文殊、普贤佛像，两侧的十八罗汉神态各异，栩栩如生。清初书法家李仙根寻访全福讲寺，观寺院置湖光山色美景之中，题刻"水中佛国"巨匾悬于山门之上，熠熠生辉。

全福讲寺

全福讲寺整体面积为南湖园的1/10，整个建筑布局结构严整，殿宇轩昂，黄墙黛瓦，雕梁画栋，蔚为壮观，绿荫苍翠，碧水曲廊，拱桥倒影，风光无限，成为真正的水中佛国。借水布景，巧夺天工，波光岚影，楼阁殿宇，鳞次栉比，增色添彩。其佛教文化博大精深，建筑艺术美轮美奂，园林景色如诗如画，与神韵独具的水乡古镇周庄融汇在一起，是令人流连抒怀的绝佳去处。

第三节 历史古镇 人文周庄

一、悠久历史

建于1086年的周庄，位于江苏省苏州市昆山市境内。镇为泽国，四面环水，咫尺往来，皆须舟楫。全镇依河成街，桥街相连，深宅大院，重脊高檐，河埠廊坊，过街骑楼，穿竹石栏，临河水阁，一派古朴幽静的景象，是江南典型的小桥流水人家古镇。唐风孑遗，宋水依依，烟雨江南，碧玉周庄。千年历史沧桑和浓郁吴地文化孕育的周庄，以其灵秀的水乡风

周庄风景

貌，独特的人文景观，质朴的民俗风情，成为东方文化的瑰宝。作为中国优秀传统文化杰出代表的周庄，成为吴地文化的摇篮，江南水乡的典范。

周庄镇旧名贞丰里。据史书记载，北宋元祐年间（1086年），周迪功郎信奉佛教，将庄田200亩（13公顷多）捐赠给全福寺作为庙产，百姓感其恩德，将这片田地命名为"周庄"。

但那时的贞丰里只是集镇的雏形，与村落相差无几。1127年，金二十相公跟随宋高宗南渡，迁居于此，人烟才逐渐稠密。元朝中叶，颇有传奇色彩的江南富豪沈万三之父沈佑，由湖州南浔迁徙至周庄东面的东宅村（元末又迁至银子浜附近），因经商而逐步发迹，使贞丰里出现了繁荣景象，形成了南北市河两岸以富安桥为中心的旧集镇。到了明代，镇廓扩大，向西发展至后港街福洪桥和中市街普庆桥一带，并将商业中心迁肆于后港街。清代，居民更加稠密，西栅一带渐成列肆，商业中心又从后港街迁至中市街。这时已衍为江南大镇，但仍叫贞丰里。直到康熙初年（1662年）才正式更名为周庄镇。

另有资料记载，周庄地域在春秋时期至汉代有"摇城"之说。相传吴王少子摇和汉越摇君封于此，周庄的历史就显得更加悠久。在镇郊太师淀中发掘到的良渚文化遗物，也证明了这一点。

周庄环境幽静，建筑古朴，虽历经900多年沧桑，仍完整地保存着原来的水乡集镇的建筑风貌。全镇60%以上的民居仍为明清建筑，仅有0.47平方公里的古镇有近百座古典宅院和60多个砖雕门楼。周庄民居，古风犹存，最有代表性的当数沈厅、张厅。同时，周庄还保存了14座各具特色的古桥，它们共同构造了一幅美妙的"小桥、流水、人家"的水乡风景画。

二、民俗节庆

周庄有着悠久的历史和厚实的文化积淀，加上自然环境独特，形成了不同一般的水乡民俗风情。源远流长的吴文化，滋育着周庄这方古老灵秀的水土，周庄的乡情、习俗、风物，弥漫着江南水乡历史文化的古朴情调与醇浓韵味。

阿婆茶、摇快船、斜襟衫，还有吴侬软语，让人品不尽、看不够、道不完……

挑花篮 水乡妇女以舞蹈的形式庆祝丰收，祈求平安，表达了水乡人民追求幸福安康的美好心愿。舞蹈配以曲律悠扬舒缓的江南丝竹音乐，妇女穿着鲜艳的服饰，载歌载舞，场面欢快、热烈、喜庆，洋溢着丰收喜庆的欢乐气氛。如今，在挖掘、继承传统的基础上赋予新的内涵，把"打连厢""挑花篮"等民间舞蹈作为周庄旅游文化的特色项目奉献给广大游客，同时象征着周庄正以旅游经济为支撑，逐步走向高水平的小康社会。

挑花蓝

除夕撞钟 全福寺钟声悠远清澈，波澜壮阔，激昂宽广。除夕之夜，人们净手叩钟，除旧迎新，祈求平安。

南湖园全福寺通过10多年撞钟活动，将新年撞钟祈福活动作为古镇景区内特有的文化品牌，打造成为周庄最重要的迎新年庆祝仪式。以"新年伊始，南湖之上，钟鸣盛世，声闻于天，虔心祈福，国泰民安，和谐美景，祥福周庄"为主题的撞钟祈福活动，寓意为新年敲响全福钟声，祈佑新的一年能够和谐平安、事业畅达。

打田财 周庄历来物阜民丰，悠远的文化传统形成了丰富多彩、饶有情趣的民间习俗。除了在宗教场所举行的各种仪式，在乡间田头，人们也用自己创造的方式表达内心的祈愿。"打田财"就是其中的一种。

每年元宵节，在东诧村牛郎庙的广场上，人们竖立起一根桅杆，杆上横一根小竹竿，两端悬挂串串彩灯。桅杆顶端缚一圈圈稻草，内藏鞭炮，敷以易燃物品，再糊上一层黄色的纸张，呈元宝状，这就是"田财"。

到了夜晚，月亮洒下清辉，人们扶老携幼，携带鞭炮、爆竹和各色焰花火筒从四面八方来到广场上，欢度良宵。当桅杆上彩灯内的蜡烛燃尽时，人们立即兴致勃勃地鸣放鞭炮、爆竹，点燃焰花火筒，用月炮、九龙抢珠、"五百鞭""一千鞭"对着杆上悬挂的金黄色"田财"轮番射击。一时间，爆竹烟花在夜空呼啸，五彩焰火，缤纷绚丽，鞭炮在空中鸣响，围观者欢声雷动，广场上洋溢着喜气洋洋的气氛。"田财"从桅杆顶上落地，熊熊燃烧。农家争先恐后地拿着束束稻草到燃烧的"田财"上去点火，一边当空挥舞，一边去田角落焚烧。广袤的田野里，火光似流星，祈祷声高亢悠长："炭炭（烧烧）田角落，牵砻三石六……"人们正是用这种带有道教文化色彩的活动，希冀来年五谷丰登、国泰民安。

周庄"打田财"习俗夹源已久。《周庄镇志》记载："闹元宵，乡人于田中立竿木，用稻草夹爆竹缚其上，举火焚之，曰烧田财，即照田蚕之意也。"这种风俗，在江、浙、沪一带均有流行。在宋代时，每年农历十二月二十五至除夕要举行驱傩活动。范成大《吴郡志》有记："是夕（指十二月二十五）爆竹及傩，田间燃高炬，名照田蚕。岁节祭餕用，除夜祭毕，则复爆竹，焚苍术及辟瘟丹。"流传至清代，这种风俗有了变异，又有祈秋收和宜蚕的意义，时间也提前或延后，周庄的"打田财"则是放在了元宵节。

三月廿八节汛 清陶煦《周庄镇志》载："三月廿八日，天齐王诞辰，东岳庙左演戏三日，近乡田作多停工来游，俗称长工生。"昔时，三月廿八日为节汛者，邻近苏、浙两省有二三十余处，但以迎神赛会者较多，周庄集资招梨园弟子演剧3日，乡民共娱，唯青浦县金泽与周庄相同。

农历三月廿八日演剧之盛，由来已久。据传说，天齐王素喜观剧，始于何时，无从稽考。20世纪20年代出版的《新周庄》曾载："在明祚将亡时，此间尚喧闹节汛。距料念九日鼓乐喧天……倏然噩耗传来，思宗已于前二天，自缢殉国。亦因国丧而停止举行矣。"可见此节汛源远流长。

每逢农历三月初，乡董、士绅便与商界议定节汛事宜。捐资摊款，四处邀艺班伶员，在北栅东岳庙附近圈地搭台。节汛前数日，旅居外埠者，大抵皆一挂归帆，返回周庄，既可参观盛况，又能畅叙天伦之乐，一举两得。

自农历三月廿七日起3天内，四乡数十里万众乡民都抵周庄"扎念八汛"。全镇热闹异常，8条大街，旗幡绚烂，人们比肩继踵；井字形市河上舟楫拥簇，首尾相接，水泄不通；镇外急水江面上，帆樯如林，篙橹对峙。夜晚全镇灯火缭绕，足供节汛之点缀。

如果说周庄三月廿八节汛是请天齐王赏光，倒不如说是请农村的长工赏光。昔日受雇佣的长工年年栉风沐雨，辛劳耕作。但临至三月廿八这一天，农家停止农活，照例休息，已成为周庄农村奉行的习惯法则了。此时，长工们结伴成行，身着新装进镇看戏，吃"戏饭"、喝"戏酒"，存心在这天玩得畅快。即使百业商店抬高市价也不在乎，小兄弟难得聚首，喝个烂醉，不觉吝惜，一年中难得做东请客，吃个酒足饭饱是万分乐意的。为了寻求快乐的这一天，有的长工情愿当去衣物，也要应这个时景。酒足饭饱之后，他们觉得很风光，进场看戏，寻求娱乐。

周庄三月廿八节汛的演戏习俗一直沿袭至1949年新中国成立时，演戏欢庆解放的盛况人们记忆犹新。

第四节 魅力周庄 人杰地灵

周庄的魅力，还在于它的文化蕴含。沈厅、张厅、迷楼、叶楚伧故居、澄虚道院、全福寺等名胜古迹，具有一定的历史、文化和观赏价值。西晋文学家张翰（字季鹰），唐代诗人刘禹锡、陆龟蒙等曾寓居周庄；元末明初沈万三得天时地利，成为江南巨富；近代柳亚子、陈去病等南社发起人，曾聚会迷楼饮酒吟诗；当代名人到周庄采风者更不胜枚举：像台湾作家三毛那样钟情周庄，像旅美华人画家陈逸飞画了油画《双桥》后使"双桥"驰名世界，像著名古画家吴冠中赞誉"周庄集中国水乡之美"，像著名建筑学家罗哲文称颂"周庄是中国的一个宝"等，他们对周庄情有独钟，可见周庄的魅力何其无穷。

一、商业和文化结合的"沈万三故居"

沈万三故居，位于周庄镇东垞，是周庄的富贵园根据历史资料和历史原貌，在原址上精心设计、精心修建、精心布置的仿明式建筑。故居参照沈万三致富的各种传说、经商的坎坷历史、一生的传奇经历和沈家生活起居的场景，通过铜像、砖雕、漆雕、实景模型、版面、布景箱、泥塑、连环画等艺术手法，予以展示。沈万三故居是一处拓展和延伸周庄旅游景点的重要人文景观，充分体现了"以周庄为代表的水乡旅游文化"和"以沈万三为代表的商业文化"的有机结合。

周庄由原来的小集迅速发展为商业大镇，与江南富豪沈万三的发迹有很大关系。沈万三利用白蚬江（即东江）西接京杭大运河，东北接浏河的优势，出海贸易，将周庄变成了一个粮食、丝绸及多种手工业品的集散地和交易中心，促使周庄的手工业和商业得到迅猛的发展，最突出的产品有丝绸、刺绣、竹器、脚炉、白酒等。

沈万三故居

沈万三，名富，字仲荣，俗称万三。"万三者，万户之中三秀"，所以又称三秀，作为巨富的别号。

元朝中叶，沈万三的父亲沈佑由吴兴（今浙江湖州）南浔沈家漾迁徙至周庄东宅，后又迁至银子浜。沈万三在致富后把苏州作为重要的经商地，他曾支持过平江（苏州）张士诚的大周政权，张士诚也曾为沈万三树碑立传。明初，朱元璋定都南京，沈万三助筑都城1/3，朱元璋封了他两个儿子的官，在南京还建造了廊庑1654楹，酒楼4座，有了舒适的住宅。但不久，因各种原因，沈万三被朱元璋发配充军，在云南度过了余生。

沈万三在周庄、苏州、南京、云南都留下了足迹，但他始终把周庄作为立业之地。"万三住宅在焉东北半里许，即东庄地及银子浜，仓库、园亭与住宅互相联络"（清《周庄镇志》卷二）；"万三家在周庄，破屋犹存"（明杨循吉《苏谈》）；"尽管他受到张士诚、朱元璋的封赏，但他不愿离开这块宝地"；"沈万三延为西宾，每一文成，沈酬金一镒"（清《周庄镇志》卷六，杂记）。可见，沈万三让自己的子孙都要留在这块富裕之地，不惜重金加以培养，使沈家久盛不衰。

关于沈万三发财致富的原因，大致有"垦殖说""分财说"和"通番说"三种。

第一种，垦殖说。许多史料都有记载，但真正完善地提出这一说法的是昆山文管会陈兆弘在明代经济史学术讨论会上发表的《明初巨富沈万三的致富与衰落》一文。文中重点提出，沈万三从"躬稼起家"，继而"好广辟田宅，富累金玉"，以至"资巨万万，田产遍于天下"。沈万三依靠垦殖致富，乃至成为豪富，号称江南第一。

沈万三雕塑

沈万三故居

第二种，分财说。有人认为，"沈万三秀之富得之于吴贾人陆氏，陆富甲江左……尽与秀"（清《周庄镇志》卷六），又有人说"元时富人陆道源，皆甲天下……暮年对其治财者二人，以资产付之"，"其一即沈万三秀也"（杨循吉《苏谈》）。总之，沈万三是得到了吴江汾湖陆氏的资财，才成为江南巨富的。

第三种，通番说。据《吴江县志》载，"沈万三有宅在吴江二十九都周庄，富甲天下，相传由通番而得"。著名历史学家吴晗也说："苏州沈万三一家之所以发财，是由于作海外贸易。"这说明沈万三是由于把商品运往海外进行贸易，才一跃而成为巨富的。

事实上，沈万三之所以成为江南巨富，以上三个因素缺一不可，是密切相关的。如果说沈万三"其先世以躬稼起家……大父富，嗣业弗替，尝身帅其子弟力穑"，说明他有了立业的根本。沈万三得到了汾湖陆氏巨资，更由于"治财"有方，显示了出色的"经济管理"才能，才有了致富的本钱。有了这样的巨资，他一方面继续开辟田宅，另一方面把周庄作为商品贸易和流通的基地，利用白蚬江（东江）西接京杭大运河，东北走浏河的

沈万三

便利，把江浙一带的丝绸、陶瓷、粮食和手工业品等运往海外，开始了"竞以求富为务"的对外贸易活动，这使他迅速成为"资巨万万，田产遍于天下"的江南第一豪富。沈万三用从贸易中赚下的一部分钱购置田产，另一部分钱用作经商的资本。所以说，沈万三是以垦殖为根本，以分财为经商的资本，大胆通番，而一跃成为巨富。周庄"以村落而辟为镇，实为沈万三父子之功"。

沈万三富得连朱元璋都眼红。在遭受朱明王朝三次沉重的打击后,沈家很快衰落了。

第一次打击是在明洪武六年(1373年)前后。据清《周庄镇志》记载,"《明史·马后传》洪武时,富民沈秀者助筑都城三分之一,请犒军,帝怒曰:'匹夫犒天下之军乱民也,宜诛之。'后谏曰:'不祥之民,天将诛之,陛下何诛焉!'乃释秀,戍云南。"除沈万三充军云南之外,他的第二个女婿余十舍也被流放潮州。在此之前,沈万三除筑洪武门至水西门城墙外,还以龙角贡献,并献有白金2000锭,黄金100公斤,甲士10人,甲马10匹,建南京廊庑、酒楼等。这次打击不仅使沈家失去了沈万三这个当家人,而且富气也减去了大半,可谓人财两空。不仅如此,沈万三被捕时,周庄镇上株连甚多,有尽诛周庄居者之说。幸亏镇人徐民望不避斧钺,告御状至京城,才救下周庄全镇老小。

第二次打击是在明洪武十九年(1386年)春,"兄至以户役故。缧绁赴秋官时伯熙亦获戾京师,适与兄同系狱"(清《周庄镇志》卷三)。这次沈万三之子沈旺的两个儿子沈至、沈庄(伯熙)又为田赋坐了牢,伯熙当年就死在牢中,后移葬于周庄杏村。这样,从根本上动摇了沈家的基业。

第三次打击是在洪武三十一年(1398年)。"奏学文与蓝玉通谋。诏捕严讯,辞连妻女,及其仇七十二家","洪武三十一年二月学文坐胡蓝党祸。连万三曾孙德全6人,并顾氏一门同日凌迟"(清《周庄镇志》卷六)。这次,沈万三女婿顾学文一家及沈家6口近80人全被杀头,没收田地,可谓满门抄斩。沈万三苦心经营的巨大家业,急剧地衰落了,"沈万三家在周庄,破屋犹存,亦不甚宏大"。沈家大族遭受这3次沉重的打击,只能是家破人亡。

就这样,号称江南第一豪富的周庄沈万三,由兴盛走向了衰落。但沈万三毕竟是一个值得研究和借鉴的人物,他在周庄的遗迹,也使中外游人及专家学者深感兴趣。

二、敬业堂宅"沈厅"

在周庄的近千户民居中，明清和民国时期的建筑至今仍保存有60%以上，其中有近百座古宅院第和60多个砖雕门楼，还有一些过街骑楼和水墙门，这在江南水乡是堪称典型的。在这些建筑中，最具有代表性的当数沈厅。沈厅位于富安桥东堍南侧的南市街上，坐北朝南，七进五门楼，大小房屋共有100多间，分布在100米长的中轴线两旁，占地2000多平方米。

周庄沈厅

沈厅原名敬业堂，清末改为松茂堂，由沈万三后裔沈本仁于清乾隆七年（1742年）建成。据《周庄镇志》记载："沈本仁早岁喜欢邪游，所交者皆匪类。及父殁，人有'不出三年，必倾家者'。本仁闻之，仍置酒，召诸匪类饮，各赠以钱，而告之曰：'我今当为支持门户，计不能与诸君游也！'由是，闭门谢客经营农业，于所居大业堂侧拓敬业堂宅，广厦百余椽，良田千亩，遂成一镇巨室。"沈本仁在父亲死后发愤耕耘，拓展家业，建成了颇具规模的沈厅。

沈厅松茂堂

沈厅共由3部分组成。前部是水墙门和河埠，专门供家人停靠船只、

第六章 中国第一水乡——周庄 / 151

洗涤衣物之用，为江南水乡的特有建筑；中部是墙门楼、茶厅、正厅，是接送宾客，办理婚丧大事和议事的地方；后部是大堂楼、小堂楼和后厅屋，为生活起居之处。整个厅堂是典型的"前厅后堂"建筑格局。前后楼屋之间均由过街楼和过道阁连接，形成一个环通的走马楼，为同类建筑物所罕见。

三、明代风采的"张厅"

张厅是周庄镇仅存的少量明代建筑之一，原名怡顺堂，相传为明代中山王徐达之弟徐逵后裔于明正统年间所建。清初出卖给张姓人家，改名玉燕堂，俗称张厅。

周庄张厅

作为殷富人家的宅第，张厅虽历经500多年的沧桑，但气派依旧。走过沿街的门厅，面前是一个天井，绿意盎然。两侧是低矮的厢房楼，上下都设蠡壳窗户。在漫长的岁月中遭到损

张厅玉燕堂

害的砖雕门楼，坚实的石柱，细腻精良的雕饰，仍不难看出张厅昔日的风采。大厅轩敞明亮，一抱粗的庭柱下是罕见的木鼓墩（柱础），这是明代

建筑的明显标志。厅堂内布置着明式红木家具，张灯结彩，迎送宾客。墙上悬挂着字画，一副对联尤其引人注目，上联是"轿从门前进"，下联是"船自家中过"。仔细琢磨，对联十分贴切地写出了张厅的建筑特色。

张厅的后院，是一个娴静素洁的小花园，四周围拥着粉墙黛瓦的民居。高高的风火墙下，翠竹摇曳，月季吐艳，书带草点缀着曲径。引人注目的是一柱太湖石，玲珑剔透，洁白如雪，高峰处有一峦状如飞燕，于是人们称为玉燕峰，为这个小巧的花园增添了几分灵秀之气。

四、质朴却不失典雅的"叶楚伧故居"

叶楚伧故居是四进清式建筑，包括墙门、轿厅、正厅和堂楼，还有一个幽静小巧的后天井。除了堂楼基本保持原状外，前面三进在半个世纪的动乱岁月中，几乎被夷为平地。近年来，周庄镇人民政府请来能工巧匠，按照原有风格，对叶楚伧故居作了修复。厅堂内，布置了叶楚伧的画像、著作、墨迹，以及书画家们为纪念这位国民党元老所绘制的作品。居室内的家具陈设，多为清代和民国时期民居的风格，十分朴素，毫无奢华之气。后天井中，花木扶疏，绿树掩映，环境十分幽静。天井中原来还有一株日本栀子花，据说是日本友人赠送的礼物，为叶楚伧当年手植其间。可惜在故居修复工程施工时，移栽不慎而枯萎了。

叶楚伧生于1887年，卒于1946年，名宗源，号卓书，楚伧是早年所用的笔名，后专以为名。他是著名的南社诗人和政治活动家。叶楚伧自幼在周庄长大，身体魁梧，一张橘皮脸，浑身透出豪爽之气，恰如他的名字。

叶楚伧故居的书屋

叶楚伧故居

他早年喜欢写作，笔名"小凤""叶叶""湘君"等，小说风格接近鸳鸯蝴蝶派，文笔秀丽轻逸，仿佛出自女子之手，所以在当时文坛有"以貌求之不愧楚伧，以文求之不愧小凤"的美称。叶楚伧从小就忧愤国事。长大成人时，正值清末，政治腐败，外患日亟。为了谋求中国的出路，他积极响应孙中山先生的革命主张，参加了同盟会，从事革命活动。辛亥革命一声炮响，叶楚伧即投笔从戎，加入了姚雨林率领的粤军，并在军中担任参谋长，随军北上。光复南京后，叶楚伧便离开军队，致力于宣传工作。他来到上海，和于右任、戴季陶、邵力子等人创办了《民报》。随着革命形势的变化，《民报》改名为《民呼报》，又改名为《民吁报》，这张报纸后来改名为《民国日报》。

第七章

神州水乡——甪直

第一节 古桥之都 水云之乡

用（２）直镇位于江苏省苏州市吴中区，素以河多、桥多、巷多而闻名。河道似玉带环绕全镇，这些河道在古时是交通要道。用直镇人依水而居，街坊临河而筑，前街后河，人在桥上走，船在水中行，进出十分方便。临街的住宅，楼面空间狭窄，有推窗伸手可握之感。而临河而筑的居房，黑瓦白墙，屋背起翘，鳞次栉比，古色古香，具有"人家尽枕河，水巷小桥多"的特色。

古镇的河道两旁有总长1000多米的驳岸，驳岸上有数十个缆船石。这些缆船石有吉祥物的如意、寿桃；有传统戏的狮子滚绣球、刘海戏金蟾；也有翻飞的蝙蝠、蜻蜓、蝴蝶等。形象各异的缆船石将驳岸装饰成了一个雕刻长廊，表现出民间艺术质朴的美。

水多自然桥多，用直历来享有江南"桥都"的美称。最多时1平方公里的古镇区有宋、元、明、清时代的石拱桥72座半，现存41座，造型各异、各具特色，古色古香。有多孔的大石桥、独孔的小石桥、宽敞的拱形桥、狭窄的平顶桥，也有装饰性很强的双桥，左右相邻的姊妹桥和方便镇民的平桥。其中两桥相连成直角的双桥，用直人叫作"半座桥"，也颇具特色。72顶半桥中的半顶指的是横跨用直和昆山南港镇的界桥，用直人叫作"半座桥"，也颇具特色。看了用直，实际就等于参观了一个古代桥梁博物馆；其桥梁的密度，远远超过意大利水城威尼斯。近年，作为苏州市级新农村示范点，用直淞南生态农庄特设了桥梁博物馆，将古镇现存38座古桥"搬"进了农业生态园。这个浓缩的桥梁博物馆已正式对外开放。

一、造型独特的"东美桥"

东美桥位于甪直镇东塔弄口西,俗称鸡鹅桥。该桥建于明代成化年间,距今有500多年历史。其结构为全环形,上半个拱形在水面上,下半个拱形在河床中,因整座桥结构别致而被载入全国桥梁史册。全桥以花岗石砌成,桥面上雕有"宝幅""莲座"以及许多几何形的佛教图案。全圆形的桥洞设计独具匠心,在世界桥梁史上罕见,堪称中华桥梁一绝。

东美桥

二、古桥中的寿星"中美桥"

位于镇中心的中美桥,俗称和丰桥,是甪直镇历史最悠久的古桥。该桥建于宋代初叶,呈拱形单孔,南北走向,连接着中市上塘街与西市上塘街。这座花岗石拱桥,以青石为拱圈,以武康石为桥墩,青石板的两端均错缝拼接,完整地体现了宋代桥拱砌筑方法。每块桥面石上均有浮雕,图案典雅,雕刻精细耐看,整座桥梁坚固壮观。桥两侧置有镂空栏石,栏石间立着28根镌有花纹的石柱,这正是宋桥的特点。桥身东侧石隙里伸出一棵苍翠的古树,佐证着中美桥悠久的历史。每当夕阳西下时,河水波光粼粼,河道两岸黑瓦白墙的屋舍鳞次栉

和丰桥

第七章 神州水乡——甪直 / 157

比，使中美桥显得格外古朴、庄重、自然秀美，给人以美的享受。

三、迎接旭日的"正阳桥"

正阳桥位于甪直镇东市梢，是甪直镇上最大的石拱桥。建于明万历年间，初名青龙桥，后称震阳桥，又因为其位于古镇的最东端，所以又称为东大桥。清晨，它是全镇第一座迎接旭日的建筑，遂改为现在的桥名。正阳桥的桥体以金山花岗石砌成，高大雄伟。桥长58米，拱高12米，桥孔10米，桥面宽5.2米，有66级石阶，是甪直镇上最大的一座古桥。正阳桥东西各有楹联，桥东为"北盖旧迹更新象，南披金银绕五梁"，桥西为"西迎淞水源流长，东接昆冈钟毓繁"。站立于桥面，小镇风光尽收眼底。夜晚于此观赏长桥月影，别有情趣。此为"甪里八景"之一"长虹漾月"。《甪里·甪直志》有诗描写为"涟漪漾长虹，疑伏江底龙。一轮皎月澈，吐纳碧波中"。这些描写可见整座桥梁高大雄伟，线条粗壮，似卧龙雄伟古朴，气贯长虹，富有曲线之美。

廊桥风光

四、小巧的"东西垂虹桥"

位于保圣寺内清风亭两侧的东垂虹桥和西垂虹桥，是甪直镇上最小的两座桥。建于明正德十三年（1518年），砖砌拱形构架，其建筑风格小巧玲珑，装饰性很强，民间又称"桥挑庙"或"庙挑桥"。垂虹桥在保圣寺空旷的环境里，在参天古树的陪衬下，显得秀美娇小、幽雅宁静，给人玲珑剔透之感。

清风亭

五、令人称奇的"三步两桥"

甪直最令人称奇的是三步两桥，其意是三步跨两桥。甪直古镇水道纵横，在两河交汇处，为了方便行走，往往建有相连成直角的两座桥，俗称双桥。在甪直有4处有名的姊妹桥：万盛米行以南的南昌桥和永福桥；东市头的中美桥和交汇桥；中市北的环玉桥和丰桥；以及市中段的环壁桥和金巷桥。东西跨于塘河上的三元桥和万安桥是三步两桥的代表。前者建于明万历年间，后者建于清乾隆前，都是花岗石砌梁式平桥。从甪直"三步两桥"的代表——三元、万安桥往北行，过众安桥，便见到"三步两桥"的景象，和丰桥与环玉桥呈直角相交之态，连接在一起。三元桥有著名的桥联："东溯眠牛浮绿水，西领斗鸭挹清风。"桥堍有条小路为眠牛泾浜。1917年苏州文坛元老叶圣陶夫妇在吴县县立第五高等小学任教时，每天两人从家到校来回必经此地，为此对三元、万安两桥与眠牛泾浜留下了深刻印象。叶圣陶在1977年重返甪直时，写下了"眠牛泾忆并肩行"的诗句。

知识小百科

甪直的释义

甪直古称淞江甫里，因唐代诗人陆龟蒙隐居于此，后改名甪直（甪与陆同音）。另外还有一种说法：古代有一种具有辟邪镇风神力的独角怪兽，叫甪端。民间传说，甪端想找个地方安身，到处寻访后相中了这个地方，从此结束了游荡生涯。甫里改成甪直，透露了人们希望风调雨顺、天下太平的心愿。

第二节 千年古刹 佛庙塑壁

一、兴市的古庙"保圣寺"

保圣寺是江南一座著名的千年古刹，原名保圣教寺，始建于梁天监二年（503年），距今已有1500多年的历史。梁武帝萧衍笃信佛教，一做皇帝就大兴寺庙。保圣教寺即是"南朝四百八十寺"之一。保圣寺历代兴废，最盛时，殿宇5000多间，僧众千人，范围达半个镇。及至明代成化年间，寺内仍有200多间建筑，保持了一流寺庙的格局，号称江南四大寺院

保圣寺

之一。甪直素有"以庙兴市"之说,这里的庙指的就是保圣寺,可见寺庙给古镇带来的兴旺景象。

现在的保圣寺基本上保持了民国年间的规模。山门是1974年按清乾隆时的原貌重修的,飞檐翘角的门楼上镌刻着"保圣寺"三个镏金大字。二山门为一拱形洞门,走进二山门便是气宇轩昂的天王殿,这座天王殿是明代崇祯年间在宋代殿基上重建起来的,显示出典型的江南佛殿式风格。殿内可看到有明代建筑特点的昂嘴斗拱结构。梁式为前后三步梁,上加驼峰。柱础为覆盆式石础,刻有"压地隐出神童牡丹花"图案,这是北宋大中祥符年间的遗物。天王殿最神奇的地方在于这座砖木结构的大殿没用一根铁钉,建筑工艺非同一般。

青石经幢

天王殿北面是庭院,院中保存着2件文物,青石经幢1座、铁钟1口。青石经幢立于西侧,全称叫"尊胜陀罗尼经咒石幢"。经幢是唐代创始的一种佛教石刻,由盖、柱、座组成,柱上刻佛像、佛名或经咒。保圣寺原有唐、宋经幢各1座,现只存下这一座和另一座的一块八角形刻经石了。保圣寺的经幢,是唐大中八年(854年)所建,由于年代久远,不少字迹已无法辨认。细看起来,这座经幢是由多块石柱堆建而成,每块石柱上面都有盘盖，盘盖大于柱经，起着承上启下的作用，同时也有遮雨和装饰的作用。这座经幢共分为7层，底层是云水纹的覆盆形石础。第一层是青龙图案，龙是护法的"八部天龙"之一，盘盖是覆莲形花纹；第二层为四大金刚，盘盖是仰莲形花纹，上面刻有石栏杆图案；第三层，陀罗尼经咒石刻，盘盖是八角形石盖，每个角都刻有兽头来护卫；第四层是如意云图案，盘盖是仰莲形花纹；第五层为莲花宝座上端坐着佛像，盘盖是屋顶形石盖；第六层是菩萨像和仙鹤图案，盘盖是华盖形石盖；第七层是金刚力士，顶盖是飞天形象，这是一种叫作"边楼罗"的人面长鼻金翅鸟，也是护法的"八部天龙"之一；顶端是蟠桃形，上面刻有曼陀罗花图案。这座尊胜陀罗尼经咒石幢，无论其年代还是艺术价值，都是一件不可多得的珍品。

铁钟，既是佛寺的镇山之宝，也是佛寺的历史见证。保圣寺的这座寺钟，铸于明末清初，已经有300多年的历史。钟上铭文是"风调雨顺""五谷丰登"等吉言。佛经上有"闻钟声，烦恼清，智慧长，菩提生"的说法，鼓钟也是行善的一种壮举。

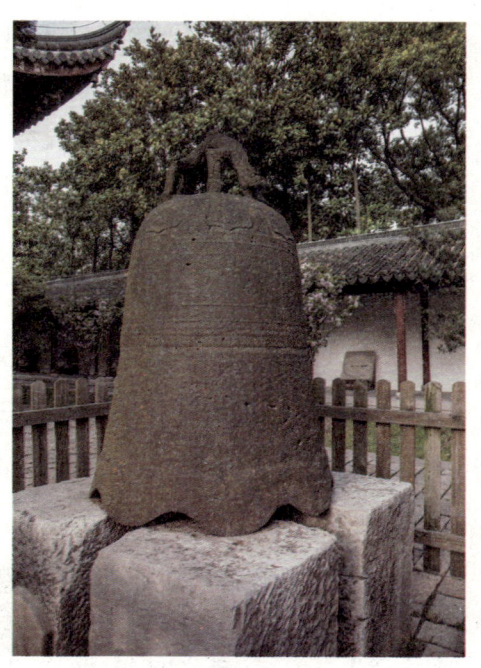

保圣寺　铁钟

二、国之瑰宝"塑壁罗汉"

提起甪直，人们总会想到保圣寺里的塑壁罗汉，可以说塑壁罗汉是保圣寺的骄傲，是甪直的代名词。古镇入口石牌坊上钱仲联所撰写对联："古镇远扬名，为存罗汉杨家塑；唐诗晚开照，来拜江湖甫里祠。"元代书法家赵子昂也曾为古寺题抱柱联:"梵宫敕建梁朝推甫里禅林第一,罗汉溯源惠之为江南佛像无双。"可见保圣寺的雄伟壮观和塑壁罗汉的精美绝伦。

保圣寺内的一堵北宋塑壁和半堂罗汉堪称是艺术瑰宝。1928年由于大殿坍塌,导致半数罗汉被毁,现存的这半堂罗汉是1929年由雕塑家江小鹏、滑田友重新复原而成,置于保圣寺古物馆内的后壁。

复原后的塑壁虽然没有原来的宏大,但造型非常细致入微。作者将山石塑成上大下小的形式,犹如倒立在空中,有种摇摇欲坠的感觉,突破了寺院造像单尊依次排列的模式,设计颇具匠心,将当时非常盛行的画壁巧妙地融入雕塑之中,以山水为背景,将罗汉置于其间。突兀的山岩好似云彩,卷舒的云气犹如火焰,变幻无穷,仿佛进入仙境一般。翻滚的浪花与姿态万千的海上仙岛、栩栩如生的洞中罗汉,形成一幅古雅壮观的立体山水画卷。

寺内的9尊泥塑罗汉是新中国第一批确定的重点文物。面阔9.5米的塑壁以云山、海水、洞窟构成,9尊罗汉塑像错落有致地分布其间。塑像均为坐像,按上、中、下3层布列,神态各异。上层4尊,高居正中的为禅宗始祖菩提达摩像,他结跏趺坐在风呼浪啸的海岛上,闭目顿首,双手笼袖置于腿上,作禅定状,表现了禅僧无动无静、无欲无求的精神状态。右侧两尊,近者为"伏虎罗汉",袒胸披袈,唯物剽悍,双目炯炯有神,眉宇间聚集着智慧,充分表现出要征服一切邪恶的威力;远者"智真罗汉",身着袈裟,结跏趺坐,双手扶

保圣寺内泥塑罗汉

膝，目视前方，神态安详，仿佛摆脱了人间的一切困惑和烦恼，进入了佛门崇高的境界，给人雍容敦厚、圣洁慈悲之感。与达摩一洞之隔的为"降龙罗汉"，双腿盘曲，抿嘴隆鼻，锁眉瞪眼，神态威武。达摩像右边为"袒腹罗汉"，依岩而坐，双腿弯曲，面目清秀，神态坦然，表现出温文尔雅、器宇不凡的精神气质。右下角的"沉思罗汉"，双脚踏地，端庄安详，凝重中带着潇洒的气韵。中间2尊为"听经罗汉""讲经罗汉"，讲者左手扶膝，喉结突起，似在滔滔不绝地向幼者讲授佛经的奥秘；听者侧向端坐，双目微合，神态虔诚。最后为尴尬罗汉，双眉倒挂，络腮胡，表情十分丰富，因其似笑非笑、似哭非哭的尴尬状态而得名。

这些罗汉的高妙之处就在于作者捕捉了人们精神状态的瞬间，并将其进行细腻化的描写和夸张化的表现。郭沫若曾作出这样的评述："保圣寺的罗汉塑像，筋骨见胸，脉络在手，尽管受着宗教题材的束缚，而现实感却以无限的魄力向人逼来，使人不能不感到一种崇高的美。"

三、"塑圣"杨惠之

杨惠之为唐代雕塑家。据北宋刘道醇《五代名画补遗》记载，杨惠之最初与吴道子同学绘画，远师六朝名画家张僧繇笔法，时有"道子画，惠之塑，夺得僧繇神笔路"之说，誉为"塑圣"，与"画圣"吴道子齐名。

杨惠之塑像，能抓住人物的外貌特征与神情特点，合乎相术，故称古今绝品。相传，杨惠之曾在京兆府塑名优留杯亭像，像成之日，并加装染，放在大街上，面向墙壁，过路

杨惠之雕塑

人看其背影就能辨认出是留杯亭其人，其神巧可见一斑。如今在寺庙中经常能看到的千手观音像，相传是由他创造的。据著录，他的作品有京兆府长乐乡北太华观玉皇大帝像、汴州安业寺（即大相国寺）净土寺院大殿内佛像和枝条千佛、东经藏院殿后三门两神像与维摩居士像、河南洛阳广爱寺三门500罗汉像、陕西临潼骊山福严寺塑壁、陕西凤翔东天柱寺维摩像、江苏昆山慧聚寺大殿佛像等。苏轼参观东天柱寺维摩像时，曾赋诗道："今观古塑维摩像，病骨磊嵬如枯龟。乃知至人外生死，此身变化浮云随……此叟神完中有恃，谈笑可却千熊罴。"从诗中可见，杨惠之将维摩像塑成了一个外貌瘦削而有神、谈笑风生、旁若无人的形象。

　　杨惠之继承了"影塑"与"浮塑"的技巧，创制出"塑壁"这一新形式。将当时的山水画与人物画结合运用于雕塑中，为丰富中华艺术宝库做出了贡献。

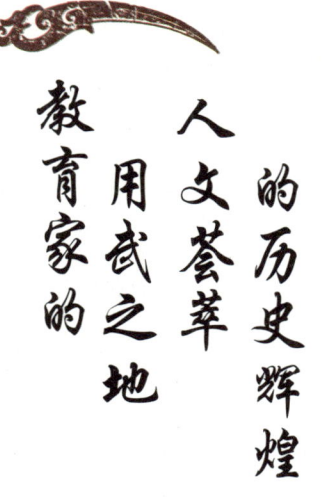

第三节 人文荟萃的历史辉煌 教育家的用武之地

一、一代乡贤沈伯寒与"沈宅"

沈柏寒，原名长慰，字伯安、伯寒。7岁丧父，由母亲抚养长大。因沈柏寒是沈家长子，其祖父沈宽夫特别疼爱他，幼年在甫里书院中的沈氏家塾上学，得到名师指点，打下了坚实的旧学根底。21岁时东渡日本，入早稻田大学教育系攻读，在日本，他学到了新知识，接受了新思想，并且开拓了视野。23岁，沈宅大家庭内部发生了严重纠纷，沈柏寒只得辍学回家。回到家乡，他痛感古镇风气的闭塞，认为必须启迪民智，于是确立了教育救国的思想，将甫里书院与角直的另外两所国民小学合并，改为甫里中心小学，从事教育事业。

辛亥革命后，学生的数量急剧增加，沈伯寒按照新式学校的规格来设计扩建学校。扩建后的学校共分为两个部分，在甫里书院原有范围内改建的称为一舍，在保圣寺内的称为二舍。学校的中心位置是一座别致的方亭式四面厅，四面都可出入。北面是一座3层楼房，为学校高等部的教室。

四面厅的东面是一座2层楼房，楼下作为礼堂和音乐室，楼上是女生部的教室、女教师的办公室和宿舍。这一组建筑合成中心小学的一舍。仅靠甫里书院的改建仍有不足，沈伯寒在征得地方政府和镇上有关人士的同意后，在保圣寺坍塌的弥陀殿、地藏殿、观音殿等的基础上，利用现成的木料，营造了二舍。北部建有教室3间和操场，西部创建教室2间，作为现代化的培本幼儿园，东部有教室4间和办公室1间。

沈伯寒不仅热心办学，还积极参与兴办实业。他曾和有"甪直小张謇"之美誉的实业家雁子镕及萧冰黎、范培恒、殷伯虔等人一起，先后创办了"吴昆甪直民营电话公司""吴昆甪直镇新明电气公司"，还有碾米厂、面粉厂，以电灯、电话等日常生活中的便利，促进人们对现代文明的认识。

沈宅，即沈伯寒的故居，建于1873年，距今已有130多年的历史。占地约3500平方米，现在作为景点开放的主要是门厅和西边一组，约1000平方米。

沈宅门前的青砖照壁上，镌刻着"漪韵"两个大字。从门厅穿过天井便是仪仗厅。这原是沈家便厅，招待一般客人的茶厅，现作为"吴东水乡妇女服饰展"的展厅。在这里，将使我们沉浸于充满

漪 韵

水乡特色的民俗文化之中。说起水乡妇女服饰，半世纪前还比较普遍。生活在苏州以东的甪直、胜甫、唯亭、陈墓一带的农村妇女，依然保留着传统的民俗服饰，形成了以头扎包头巾，身穿拼接衫、花布胸兜和拼裆裤，腰束作裙、作腰，小腿裹卷膀，脚着百纳绣花鞋为主的一整套（8件）服

饰，既有防风防晒的实用价值，又能展示水乡女性的体态身姿，富有江南水乡特色，故有"苏州少数民族"之美称。

便厅北行是沈宅的精华部分——乐善堂，这座三开间正厅是甪直镇上最豪华的建筑，不仅高大宽敞，雕饰遍布，连瓦片上都有福寿图案，且因前后做重轩，冬暖夏凉，四季皆宜。

堂内最引人注目的是两副抱柱联：其一，"经济有成，事业俱自苦志起；读书最乐，俊彦都由名教来。"其二，"和气祥光，清声美行；尊德乐义，合泽戴仁。"前一副是教育子孙的话，后一副则是跟堂名有关，是希望由"乐善"而达到的至高境界。东面一楼一底原为书房，现楼底为灶间，保留了当时大户人家的炊膳陈设。宅内还有两口古井，一口在乐善堂前的天井里，上有武康石井圈，据传为宋井；另一口在楼厅前的阶石东角，传为明井。100多年的宅院内怎么会有宋明古井呢？因为富家买下别人房产改建新宅时，为保留风水和图"财源滚滚"的好口彩，老井一般都保留在原处。后天井之北是7间带厢房的楼厅，东西两边都有楼梯，是当时女子活动的地方，现楼下设立了小卖部，出售具有水乡特色的旅游工艺品。

知识小百科

甪里书院

甪里书院是由甪里先生陆龟蒙的九世孙陆德原所建。陆德原人品高洁，居家庭为孝子，处州里为善人，官学校为良师。他有感于"甪里之学不传"，遂在甪里先生祠旁，创建了甪里书院。

二、水乡明星萧芳芳与"萧宅"

萧芳芳，6岁时在母亲朋友的帮助下涉足香港影坛，在李化执导的《小星泪》中饰演一个反派苦女孩。1954年，7岁的她考取了中联影业公司，与李小龙合演《孤星血泪》，之后便以童星的身份出现在影坛。萧芳芳的艺名是名导演严俊所取，在此之前她的名字叫萧亮。1955年，严俊执导《梅姑》，萧芳芳在该片中的出色表演，使她获得了第二届东南亚影展最佳童星奖。1958年出演的《苦儿流浪记》参展美国，名声大噪，被港台影迷誉为中国的秀兰·邓波儿。少女时代的她，占尽了古装片少侠风采。青春时期的她，又掀起了时装歌舞片的狂潮。在《飞贼红玫瑰》中饰演10个角色，更是出尽风头，倾倒了万千观众，一举奠定了她时装歌舞片大明星的地位。在倾倒无数观众的同时，她也成为青年男女心目中的青春偶像。她的年拍片纪录高达30部，拍片总数超200部。1970年，大红大紫的萧芳芳背叛众多影迷和朋友的意愿，飞抵美国留学。学成回港的萧芳芳，对世界和人生有了新的认识，在演艺方面也开始了质的飞跃，一只只桂冠纷纷落到了她的头上。1974年，萧芳芳主演《女朋友》和《海韵》，分别获得台湾金马奖最佳女配角奖和西班牙影展最佳女主角奖；电视连续剧

《秋水长天》获最佳女演员金钟奖,并对台湾连续剧的风格和发展产生了影响;影片《不是冤家不聚头》获第七届香港电影金像奖最佳女主角奖;1995年,因她在电影《女人四十》中的出色表演,获得柏林影展最佳女主角奖,使先前的影后张曼玉终于有了强劲的对手,也成为继张曼玉之后第二个摘取桂冠的"华人演员"。她的人生展示了她的多才多艺,她的生活丰富多彩又普通平凡。她凭才智演好舞台上的每一部戏,她凭爱心演好生活中各种角色。

位于中市上塘街的萧宅是用直现存最完好的清代建筑群落之一,占地1000多平方米,坐西朝东,结构紧凑,布局巧妙,前后五进,自门楼、茶厅、楼厅、厢楼至饭厅,一进比一进高,寓"步步高升"之意。如果说沈宅以富丽堂皇取胜,萧宅则以幽深清雅取胜。五进之中,以第二进茶厅和第三进楼厅最为精美,两厅的前面都有砖雕门楼,楼额分别是"积善余庆""燕翼贻谋",均由清末名士尤先甲题书。"积善余庆"为旧时常用的颂语,"燕翼贻谋"典出于《诗经·大雅》,意思是要善于为子孙后代谋划,富有警省深意。门厅上刻有浮雕荷花柱,花板上有云凤图案的浮雕。茶厅是主人接待宾客的场所,梁上有浮雕和镂刻图案。楼厅是萧宅的主建筑,前后重檐,楼梯、楼廊都很有特色。大柱上有苏州书法家费之雄先生撰书的抱柱联:"影视获殊荣,亮丽风姿呈异采;展陈具特色,辉煌业绩悄流芳。"楼下的南间是主人的书房,书房前有一个幽静的小庭院,点缀着湖石丛竹、鲜花绿叶,地面以不同色彩的卵石铺砌出吉祥的图案,主人读书间隙,可养心怡情。

萧宅的南避弄颇有特色。这条避弄宽仅1米,长达150米,避弄的顶部与萧宅各进楼顶平齐,所以又特别高。在江南多进式民居建筑中,避弄是常常采用的方便出入的形式,意在避开中厅和正门,可以不影响其他庭院中的人而直接进入某一进庭院。但是像萧宅的这个又窄又高又长的避弄则实为罕见。萧宅的这条避弄直通尽头的大马厩,马厩与北面用于跑马骑射的大院相连,因为原主人是武举,才会有这种特殊的设置。弄内墙上有花窗与萧宅各进天井相通,借此采光通风。

　　甪直人为纪念萧芳芳这位为家乡争光的女性,1988年专门在萧家故宅中设立了萧芳芳纪念馆。演艺馆中陈列了萧芳芳大量的剧照与生活照,人们从照片中可以看到她音容笑貌中传递出的气质和神韵。萧芳芳从影40余年,她的剧照无疑可以作为电影文化史的一种佐证。电影明星总是走在时代风尚的前面,成为时尚的代表。曾有人说,萧芳芳是20世纪60年代成长的香港时装设计师的启蒙人物,所以从她的生活照中,又可以窥见时代变化的痕迹。

三、师表楷模叶圣陶与"万盛米行"

　　叶圣陶先生是我国文艺界、教育界的老前辈,他为人敦厚,彬彬有礼。著名诗人臧克家曾经说过:"温、良、恭、俭、让这五个大字是做人的一种美德,我觉得叶老身上兼而有之。"

　　叶圣陶先生并不是甪直人,但他却一直将甪直当作自己的故乡,选择这里作为自己的埋骨之地。他的人生和事业,他所从事的教育改革和新文学创作,都是从这里起步的。

　　叶圣陶先生不满当时的教育现状,与王伯祥、吴宾若这两位教育家,以"改革人心,重造国魂"为宗旨,进行了多方面的教育实验。他们自编国文课本,在传统文化的经典中挑选适合学生阅读的文章;努力开拓学生的视野,将自己购买的中外文名著和

叶圣陶先生与夫人胡墨林

进步书刊免费供学生阅读；倡导学生接触社会、了解生活，在学校的荒地上办起了"生生农场"，种植瓜果蔬菜，作为师生劳作实践的园地……他们的教育改革，不但使小学教育生动活泼，而且是叶圣陶先生教育思想和教育方法的良好尝试。后来沈伯寒聘请叶圣陶的夫人胡墨林女士来学校任女子部的级任教师，二人遂举家迁居甪直。按叶老的说法，"从此做了甪直人"。

叶圣陶先生将甪直比作他的摇篮，在甪直的教学和生活实践，成为其文学创作的直接素材。他以甪直生活为背景的短篇小说非常多，如《低能儿》的人物原型，就是叶圣陶夫妇资助过的学生；《寒晓的琴歌》中歌女的原型，就是叶圣陶在甪直看到过的一个穷女孩；《苦菜》中所写的向农民学做菜，就是在生生农场时发生过的事情。另外，他的长篇小说《倪焕之》中描写的"理想教育实验"也是以他与朋友的教育改革为原型的。被选入中学课本的名作《多收了三五斗》，虽然是叶老离开甪直后的作品，但故事中的生活场景和米行，都能在甪直的生活中找到原型。甪直人根据叶老的描写，修复了万盛米行。

万盛米行的原型是甪直镇南市的万成恒米行，今天我们看到的"万盛米行"，是甪直人民政府为开发古镇旅游业，于1998年筹资改造的。三开间门面的屋檐下悬挂着"万盛米行"的金字招牌，店铺内设有收售粮食的柜台，上挂"万商云集"牌子。店铺后是宽敞的石桴大院，穿过院子来到"耒耜堂"，堂内陈列着江南旧式稻作农具和加工谷米的器具，成为一处独具水乡风情的农具博物馆。

叶圣陶先生于1988年逝世，他的骨灰遵照他生前的遗愿被安葬在甪直。叶圣陶的墓园，就在保圣寺西边。墓建于宽敞的石台上，墓碑呈石墙形，高耸矗立，碑面镌刻着赵朴初先生题写的"叶圣陶先生墓"6个镏金大字。墓前甬道上，新建一座六角形的"未厌亭"。亭匾上的"未厌"2字，是叶老的遗墨。先生生前以"未厌居"作为室名，表示他对人生"未能厌世",对写作"未敢厌足"。"未厌亭"正是对先生"未厌精神"的纪念。

　　甪直人将叶圣陶先生曾经执教的学校旧址,修建成了叶圣陶纪念馆。粉墙黛瓦的门楼上,镌刻着"叶圣陶纪念馆"6个大字,也是赵朴初先生题写的。当年以四面厅为中心的校舍基本恢复了当年的面貌。四面厅中的桌子上,陈列着叶老的遗容。正面墙上悬挂的是一株劲松图,两边有这样一副对联:"松柏本有性,园林无俗情。"原女子部楼的底层陈列着悼念叶圣陶先生的挽联和书画作品。北部一排7间平房,现展览着叶圣陶先生的生平事迹、实物、照片、资料,系统而生动地介绍了叶老辉煌的人生,以及在文学、教育等多方面的卓越成就和重大贡献。

　　可以说,古镇甪直塑造了青年叶圣陶,而叶老为塑造甪直添上了浓墨重彩的一笔。

一代师表——叶圣陶

四、梅花主人许自昌与"梅花墅"

甪直历史上最值得大书特书的一次文化繁荣局面发生在明末清初,自许自昌建梅花别墅开始,前后延续了4代,长达百年之久。

许自昌(1578—1623年),字玄佑,别署梅花主人,别业名梅花墅,江苏长洲(今江苏苏州市)人。他和他所建的梅花墅是当时江南文化园地里不可忽略的一道景观。

许家是甪直的世家,其祖辈是经商致富。但是到了许自昌的父亲许朝相时,已不满足于做一个商贾巨富,希望后代能够进入仕途,至少也要进入社会上层文人雅士的圈子。所以,父亲用尽心思来培养许自昌,从小就聘请大儒来教育他,鼓励他与名人雅士交往。许自昌在还没有成年时就中了秀才,但是接连4次都没有考中举人。虽然科举失利,但是并不能说明许自昌没有才能。他将毕生的精力都花在了几项文化事业上:昆曲的创作,修建梅花墅,刻书、藏书以及诗文创作。

许自昌是新昆腔兴起阶段的重要作家之一,他创作与改编的传奇作品有《水浒记》《桔浦记》《保主记》《灵犀配》《弄珠楼》《种玉记》等10余部。《水浒记》是许自昌的代表作。剧中描绘了宋江、晁盖、吴用、刘唐、戴宗等梁山泊好汉的正面形象,赞颂了他们劫富济贫、投奔梁山、结伙造反的行为。同时对以蔡京为代表的封建统治者恣意榨取民脂民膏的罪恶行径,对张文远追求侈靡生活的腐朽行为,都作了一定程度的揭

古代戏剧《卢林相会》

露和批判。剧情结局止于晁盖劫法场、宋江上梁山、英雄小聚义，归旨于梁山泊义军的壮大与团聚，这与明清其他水浒戏多以招安收场相比，思想境界实高一等。

明代的昆曲，主要通过私人办置的家庭戏班"家乐"和民间戏班进行演出。家班主人一般都有私家园林，其中的厅堂就成为家庭戏班演出的场所。有些豪门巨富还特意建造专门用于演出的宽敞大厅，以便于和亲朋一同欣赏。许自昌的私家花园梅花墅中的"得闲堂"就是这样的建筑。明代文学家陈继儒曾这样描写得闲堂："闳爽弘敞，槛外石台，广可一亩余，虚白不受纤尘，清凉不受暑气。每有四方胜客来集此堂，歌舞递进，觞咏间作，酒香墨彩，淋漓跌宕，红绡于锦瑟之旁，鼓五挝，鸡三号，主不听客出，客亦不忍拂袖归也。"由此可见，在梅花墅观赏昆曲演出，是一件多么令人羡慕的事情。

许自昌还是晚明时期重要的刻书家。当时有"浮白奏来天上曲，杀青搜尽世间书"的诗句，说的就是许家的昆曲演出与藏书刻书。许氏曾刻过《合刻陆鲁望、皮袭美二先生集》，以表彰乡贤。也校刻过《分类补注李太白诗》《前唐十二家诗》等经典，以及《太平广记》这样的大部头丛书。

梅花墅布局精致，有胜景30余处，蜚声江南，是仅次于杭州西湖和苏州虎丘的"江南第三名胜"。梅花墅园林设计中对于水的利用，别具匠心。陈继儒为许自昌所作的《行状》中说："治梅花墅于宅址之南，广池曲廊，亭台阁道，石十之一，花竹十之二，水十之七。"梅花墅颇得当时文人的赞赏。

五、时代幸运儿王韬与"王韬纪念馆"

每当谈及改良，人们必然会联想到"康梁"。而早于"康梁"力主变法自强的王韬，则鲜为人知。其实，王韬的思想、主张在当时是颇有影响的。他曾提出"富强即治国之本",提倡学习西方的科学技术,要求发展工商业和新式交通事业,主张改革封建的科举考试制度、学校制度,为戊戌变法做了舆论准备。

王韬是中国近代著名思想家,原名利宾,字兰卿,号仲弢、天南遁叟、弢园老民等,吴县甪直人。道光八年十月初四(1828年11月10日),王韬出生于甪直镇书香门第,自幼熟读群经,博学多才。18岁便以第一名考中秀才,后应乡试不第,从此绝意仕途。1849年家乡大水,加上父亲去世,王韬接受英国传教士麦都思邀请,来到上海墨海书馆,从事编译西学书籍工作达13年。太平天国运动中,1862年2月4日,他具名苏福省儒士黄畹上书太平军,出谋划策。清廷搜获该信后下令通缉,王韬以"圣朝之弃物,盛世之罪人"身份,于1862年10月4日乘船逃离上海,开始了长达23年的流亡生活。其间,他主要居住在香港,协助英华书院院长理雅各将中国的四书五经译成英文,促进了中国文化在西方的传播。1867年至1869年,王韬应理雅各之邀漫游西欧,这是中国知识分子第一次对欧洲的实地考察。他在开罗乘火车,在巴黎看电影、参观卢浮宫,在伦敦参观电报局、英国议院、大英博物馆,还到牛津大学发表演讲,眼界大开,思想激变。1874年2月4日,王韬在香港创办了著名的《循环日报》,自任主笔,这是我国第一家以政论为主的报纸。通过报纸,王韬积极传播西方文化,呼唤改革开放,鼓吹变法图强,其思想对洋务运动、维新变法和立宪运动都产生重大影响,林语堂称王韬是"中国新闻报纸之父"。1879年应日本学者邀请,王韬东游日本,都下名士争与王韬交,盛况空前。王韬一生在哲学、教育、新闻、史学、文学等许多领域都有杰出成就,著书40余种,如《弢园文录外编》《漫游随录》《普法战纪》《法国志略》《弢园尺牍》《蘅花馆诗录》等。

1998年甪直镇人民政府为纪念王韬这位思想家,弘扬他的爱国思想和开放意识,筹建了王韬纪念馆。王韬纪念馆在甪直中市下塘街6号,为一

王韬雕塑

王韬纪念馆

座具有清代建筑风格的住宅，占地800平方米。坐东朝西，共分王韬生平事迹陈列室、王韬故居和韬园3部分。门楼上书有钱君匋题写的馆名，宅中为面阔3间的鸳鸯厅，上悬匾额"蘅花馆"，大厅正中竖有高大的木雕屏风，屏风前置有王韬半身铜像，厅柱上分别镌刻着王韬自撰的对联："短衣匹马随李广，纸阁芦帘对孟光。"还有当年康有为题赠给王韬的对联："结想在霄汉，即事高华嵩。"最后是一个小花园，名为韬园。

第四节 甪里美食 名肴佳品

一、素火腿：甪直萝卜

最普通最不起眼的萝卜叫上"甪直"这个前置词，身价就顿时上升，成了佐餐佳品。甪直萝卜创于前清道光年间，历史悠久，风味独特。有这样一个关于甪直萝卜的传说。清道光年间，镇上张源丰南酱店鸭颈萝卜生产过剩，店主张青来担心其变质造成损失，就请老师傅想办法，于是老师傅就将其封存在了甜面酱中。半年后鸭颈萝卜又出现了供不应求的局面，张青来取出这批萝卜，但却发现萝卜已成了半透明状，以为坏了，很是着急。没想到拿起来一尝，咸中带甜，别有风味，于是就将这批萝卜作为新产品推出，这就是甪直萝卜。

1954年，政府为了发展土特产的生产，帮助归纳了从选料到香腌封缸的一整套生产工艺流程，自此，甪直萝卜的品牌真正树立了起来。现在的甪直萝卜选用优质新鲜萝卜、精制盐、特富粉等原料，采用传统工艺，精细制作而成，色泽晶亮透明，味道香甜鲜嫩。甪直萝卜含有丰富的氨基酸、维生素、糖类等营养成分，因此素有"素火腿"之称，是佐餐馈赠、居家旅游之佳品，在苏南一带行销百年，享有盛名。

二、美味的鸭肴

甪直有两道名肴，甫里鸭和美味鸭羹。这两道本地特色的鸭肴，据说是甫里先生陆龟蒙传下来的。陆龟蒙好养鸭，也喜好吃鸭，为了避免经常吃会腻，就琢磨着变着花样吃，因此就琢磨出了这两道鸭肴。这两道著名的鸭肴，其实是一菜两做，一鸭两吃。甫里鸭是在鸭肚里塞上麻雀或鹌鹑或肉裹鸽蛋，然后用砂锅烧炖，喷香扑鼻，皮酥肉烂。在鲜美的汤汁里加入肉丁、肉皮丁、鱼丸、白果、笋丁等，再进行烧煮，就成了鸭羹。这两道美味的鸭肴，让明代诗人高启赞扬过的清炖白鱼都黯然失色。

三、诱人的甪里蹄

沿着古桥老街，随处望一眼两旁的商店，定能发现橱窗内泛着诱人光泽的甪里蹄。在众人看来，苏菜应是精细而雅致的，口味也应像这江南水乡般素雅、清淡。可这道名菜却恰恰相反，色泽艳丽、口味醇厚，作料也似乎略重，取斤把重的蹄子先用酱油腌过，再加入多种作料如八角、黄酒、红糖等同煮，味道十分浓郁。因是腌过的原因，入口格外酥糯，红糖的味道不似白糖，甜而不腻，咽下去却仍回味无穷、口齿留香。

从古到今，甪直居民凡是逢年过节或设宴喜庆之日，为蕴含团圆喜庆之意，有喜食"全蹄""全鸭"之习俗，且由于烹制工艺的独到，成为喜宴之必备的两道主菜。

附录

古镇的保护与合理发展

江南水乡古镇以周庄为代表，是我国地域文化中极具完整性、区域性、多样性的典型传统城镇类型，从20世纪80年代开始的水乡古镇保护实践，是我国城市遗产保护历程的实践典范和发展的里程碑。在经历了所谓"旧城改造"的建设性破坏、旅游兴起后的过度商业化、居民外迁导致的社会变异、环境恶化等负面现象之后，进入21世纪，新问题、新矛盾此起彼伏：全球化对地方特质的冲击，深度旅游对古镇文化新产品的需求，新的建设一波未平一波又起……水乡古镇的保护和发展走到十字路口。通过回顾江南水乡古镇的保护实践历程，总结经验教训，可以为我国历史城镇的保护与未来发展提供有益的启示。

一、从"周庄模式"看城镇遗产的整体保护

20世纪80年代，正值改革开放初期乡镇企业大发展之时，在"要想富、先修路""汽车一响、黄金万两"的热潮下，江南河网平原上的大小村镇都鼓足了破旧立新的干劲，纷纷拆桥拓街、填河筑路，以期筑巢引凤。一大批具有鲜明水乡特色的古镇在这场城乡运动中遭受到了风貌格局上的巨大破坏，如前州、偃桥、芦墟等。而周庄则因为与外界交通过于闭塞，发展较慢，才得以幸免。1986年同济大学为周庄制订的保护规划中明确提出"保护古镇，开发新区，发展旅游，振兴经济"的16字方针，这在当时俨然是与热火朝天的乡镇改革反其道而行之，顶着前所未有的反对和质疑压力，开创了江南古镇保护的先河。

规划要求严格实施后，周庄古镇的保护在实践中取得了突出成效：保存完整且丰富多变的街河空间、小桥人家的玲珑闲适、清朴秀丽的民风民俗……对这些优秀历史文化资源的精心保护，为周庄赢来了旅游观光的发展先机。更为可贵的是，1995年周庄古镇在旅游业取得显著经济效益时，还及时建立了"古镇保护基金"，将每年古镇旅游门票收入的10%用于古镇保护，包括修缮历史建筑，改善基础设施，提高古镇居民生活环境质量等。这种用旅游收入反哺古镇发展的做法，为古镇的良性发展提供了资金保障，也获得了古镇居民的拥护。"古镇要发展、保护不能忘"的观念不仅是政府管理部门的"点金石"，更是取得了深入人心、全民参与的效果。这种严格按照规划实施保护，强化历史特色开展城镇旅游，并将旅游收入回馈于古镇保护的做法，被人们简称为城镇发展的"周庄模式"，一时间成为全国上下拥有历史遗存的城镇争相效仿的对象。尤其是江南地区的水乡城镇更是纷纷以"周庄第二""小周庄""可与周庄媲美"之名自居。

遍布江南地区的水乡古镇是我国传统城镇中的一种独特类群。从聚落的空间构成上看，它们枕河而居、因河设市、夹岸为街、水陆两宜，构

筑了人们心中小桥流水人家的闲适意境;从建筑特征上看,粉墙黛瓦、水巷幽仄、山墙起伏、宅院四合,既不失传统中正的封建家族伦理秩序,又捎带着文人墨客的清寡、商贾小宦的偏适、衣食百姓的厚朴;而那乡里乡间土生土长、生生不息的稻米、桑蚕、纺织、印染等活动,则成就了共同地域文化背景下因地制宜的传统小农经济类型,并在历史的长河中为这些水乡古镇构筑了经济学意义上的共同语。继周庄保护取得初步成功之后,西塘、乌镇、同里、甪直、南浔等古镇相继编制了总体规划和保护规划,并开始投身于积极的保护实践。这些古镇的保护,在把握江南水乡共性的基础上抓住各自特点,形成独特韵味:周庄是前街后河的商业市镇,同里是恬静的水乡居家小镇,西塘是廊棚数里的黄酒之乡,乌镇是水阁楼枕河卧波,甪直以庙兴市、民风古朴,南浔的丝商留下中西建筑文化交融的杰作……正是这每一个古镇、每一处细微的不同,才使得江南水乡有着百看不厌、多姿多彩的魅力。古镇保护的重点也正是在于这种共性把握之下的特质挖掘。2000年,在联合国遗产中心专家的提议下,江苏的周庄、同里、甪直,浙江的乌镇、南浔、西塘,开始正式以"江南水乡古镇"的名义联合申报世界文化遗产。从此"江南六镇"开始作为江南水乡古镇这一群体的突出代表,为人们所逐渐熟知。2003年12月,"江南六镇"由于在规划和保护上"对整个城市发展起到里程碑式的作用","留存了文化遗产,很好地处理了保护与发展的关系","让人们看到了古代人的生活,同时很好地让今人生活在其中",而获得了"联合国教科文组织亚太地区文化遗产保护杰出贡献奖"。以"江南六镇"为代表的江南水乡古镇,作为一种典型地域的城镇遗产类型的整体保护模式,已取得突出成就,影响和带动了江南乃至更大地域众多古镇的保护与合理发展。上海的朱家角、枫泾、新场,苏州的木渎,宁海的前童,富阳的龙门等一大批古韵犹存的水乡也逐渐进入人们的视野。"江南水乡古镇"作为一种遗产类群,也将最终成为祖国优秀文化宝库中的重要成员。

二、十字路口，古镇将向何处去

2010年后，江南水乡古镇已成为长三角大都市区引人注目的休闲"后花园"，"保护古镇、发展旅游"逐渐成为人们的共识，波及每一个水乡小镇，哪怕只是一条小街、两三顶拱桥、几座老宅，都受惠于这场古镇保护运动。水乡的空间形态、历史建筑保存下来了；在市场机制的推动下，小镇的商业旅游发展了。可是水乡那闲适有序的生活也变了味道，江南古镇的发展似乎又走进了使人们无所适从的境地。分析这些问题和现象，主要有以下若干类型：

1. 旅游内容类同，旅游产品相互模仿，古镇趋向同质化竞争。古镇旅游都是走一条或几条老街，看几所大宅、花园，坐一日小船，吃一餐家乡饭；所买的旅游纪念品也无非是松糕、蹄髈、酱菜、米酒、蓝印花布等。这些在相同地域文化作用下且分布相对密集的水乡古镇，在城镇景观上具有较强的可替代性。另外，水乡古镇是传统经济生产模式下的产物，聚落尺度相对于现代的交通工具和生活节奏而言，往往只能开发一日游、半日游的观光对象，再加上旅游经营缺乏亮点，旅游产品相互"克隆"，容易引起旅游观光者的体验疲劳，游客不会从深层次去细究水乡差别，更难留下深刻印象。

2. 全民经商，破墙开店，古镇过度商业化成致命伤。从2002年到2012年，周庄古镇的店铺数从400多家激增至800多家，短短4年数百栋民居破墙开店。店铺泛滥不仅破坏古镇风貌，拉客现象、恶性竞争也使旅游环境日益恶化。不少居民开店后又租给外地人经营，"小桥、流水"依旧，而"人家"不再，水乡古镇的意境渐将泯灭。

3. 节假日游客饱和，服务质量差，门票涨价却难达"限容"目的。据规划测算，周庄每年最佳旅游人数为600万，可2012年就达到了263万人次，高峰时每天近4万游客进入古镇。2018年同里接待游客430余万人次。2018年乌镇东西栅接待游客600余万人次。与滚滚人潮相对应的是古镇门票的一涨再涨，即使这样，仍难以控制容量，也许门票涨价的背后本也不是出于限制容量的动机。这种高价而拥挤不堪的旅游体验，使水乡不再古朴静谧、可亲可近。

4.原住民迁出，社会结构变异；房地产运作，古镇日趋贵族化。一方面古镇保护区里的砖木房屋难以灵活适应现代化的生活需求，古镇生活对年轻人的吸引力越来越小，导致古镇原住民流失和老龄化、空巢化的现象日益突出；而留在老屋中的房主也乐得将沿街或底层的房屋出租给外地人开店，赚取租金，水乡生活和人文环境逐渐变质。另一方面，古镇在修缮整治时，往往将保护区内的居民另迁他处，修缮完成后仅有少量居民得以回迁，大多数沿街住宅也都改造为店面，并采取市场化的招商进驻方式，古镇原汁原味的生活场景一去不返。白天熙来攘往的街河，到了晚上则除了几家旅店外，灯火寥寥。

5.古镇周围土地用尽，楼宇包围，"盆景化"现象尽失水乡田园风光。随着古镇区商业旅游兴旺带来寸土寸金的丰厚利润，古镇周边的地价也水涨船高、一路攀升。所有的水乡古镇大都采取过以地生财的捷径。每个古镇周边，旅游度假区、星级宾馆、高尔夫球场大都在陆续兴建。在诸多现代化设施的包围下，水乡古镇成为新都市的缩微盆景，与小桥流水相伴相生的水乡田园风光无奈退出了人们的视野。

6.古镇旅游经营权出让，主题化、公园化引发社会质疑。自2006年起香港世贸集团以每年2000万元左右的资源使用费获得了同里古镇的经营权，全盘负责古镇的保护与开发。古镇区的社会公共属性、历史文化资源的不可再生性面临挑战，而垄断式的经营权行为，既存在政策风险，又引发社会争议。

三、商旅文化各显其能，前进道路举步维艰

尽管水乡古镇的发展不约而同地暴露出这样那样的问题，甚至集多重

矛盾于一身，但值得赞赏的是，各古镇并没有在新时期的发展中消极地静观其变，而是从城镇定位、发展思路、文化创新等多方面积极探索，试图为江南水乡古镇的和谐有序发展探路导航。这些实践探索，体现为以下几种类型：

1. 新旅游空间的开拓与旅游内容的多元化发展。在古镇周边进行新的旅游空间的外扩拓展，是大多数水乡古镇率先采取的空间突破式发展方式，这是应对水乡古镇空间构成特征与现代化快捷多元生活模式之间差异的最直接策略；并且往往是在古镇区内部过度商业化和环境空间容量极度拥挤等负面影响之下的被动之举。如周庄在镇北的太史淀推出"江南采珠"生态旅游项目；西塘在西线入口处建造了颇具人文特色的五姑娘主题园；同里则积极开展肖甸湖生态农业旅游等。

与现代多元的商业消费模式相统一，旅游内容的多元化配建，是古镇经营与都市消费之间连接的纽带。以"周庄富贵园""同里老街·新江南"为代表的综合旅游度假区的建设，集参观游览、特色商业、餐饮服务、休闲展示于一体，创造出一种新型商业消费空间，既满足了现代人的怀古之情，又弥补了传统城镇空间与现代化生活品质之间的不适应性。而周庄"江南人家"水上剧场的节目则融合了情景表演、民俗风情、吴歌渔唱等新老艺术表现方式，演绎出历史文化的新时代魅力。

2. 保护理念与修缮技术的不懈追求和遗产价值的再认知。保护并不是要维护破破烂烂、陈旧落后、一成不变。现代化的生活设施、便利的交通通信，都是古镇生命力得以延续的重要前提。如何在留存传统建筑空间特质的同时，实现现代生活舒适的品质保障，这是历史城镇维修改善的最终任务。占地3平方公里的乌镇二期西栅景区修缮历时4年，走出了一条历史街区再生的创造性道路：修缮不仅是修复历史建筑的外观立面，更是彻底改善历史建筑的内部设施。污水处理、厨卫设计、管道煤气、宽带电气等一系列基础设施在有限空间内的适应性改造，从根本上改善了古镇房屋的建筑质量。而外观的修复则特别强调准确捕捉细节，小到砖雕门楼上的装饰花纹，都细细甄别其年代工艺，务求对历史真实性的再现。

对历史遗存的价值认知是一个永无止境的求真过程。正视这种价值认知的局限性，敢于质疑并不断修正文化遗产修复过程中的种种疏漏和错误，是对待历史文化遗产的科学态度。早期的历史街区改造大多是以开发旅游获取经济收益为目的，经常只凭几张老照片或旧绘画，在无法掌握细部、材料及构成的情况下贸然修复或重建，甚至有时根本就是毫无根据地杜撰和臆造。那些短期速成的仿古建筑，形式不伦不类，做工粗糙，缺乏细部考虑，整条街完全雷同，与历史遗存的真实性原则完全相悖。这种仿古重建的行为往往是以真实的历史地段和传统生活的消亡为代价。同里古镇通过挖掘《珍珠塔》历史故事，全面整理珍珠塔历史遗迹，积极抢救仅存残垣断壁的陈御史府，经过两年多的修复工程，巧妙地将厅堂楼阁、田园山林融为一体，体现了江南水乡园林式建筑群落的建造艺术，实现了一座古典园林的再生。

这些在实践过程中所显现出来的遗产保护理念的逐渐明晰和修缮技术的不断提高，是水乡古镇保护从静态留存，到自发模仿，逐渐转向自觉自愿、积极探究的可喜转变。

3.与社会生活需求同步的多样化文化发展策划。借助影视大片的拍摄扩大知名度，通过承办各种文化发展论坛提升古镇的文化氛围，与传统文化节日相结合举办多种多样的旅游节、文化展、民俗庙会，借鉴国内外创意产业区的发展适时引入艺术家的入驻等，是近年来愈演愈烈的古镇软实力（或者说文化品质）的竞争。

好莱坞电影《碟中谍3》的拍摄使得西塘名声大振；李安《色·戒》的老上海外景将养在深闺人未知的上海新场古镇推向众人眼前。丝乡南浔一年一度的蚕花节，木渎古镇寻找"姑苏十二娘"，乌镇成为茅盾文学奖的永久颁奖地，西塘迎来国际旅游小姐中国区决赛。各种国内国际高端文化论坛的频频举办，不仅为古镇提升了文化品位，更是文化交流的重要纽带。2007年"周庄国际画家村"的正式启动，是在借鉴苏荷区文化创意产业的成功经验，在政府引导、政策配套的官方主推方式下的一种新型文化产业的积极培育方式。

从客观上看，江南水乡古镇分布密集、数量众多，城镇历史环境空间特征相似，传统文化和产业构成也十分相近。因此，与时俱进地为古镇空间注入新功能、与社会生活同步的文化发展策划和非物质文化遗产的继承发扬，是古镇发挥自身特色的必然选择。成败的关键，在于是否能够充分挖掘古镇内涵，依托古镇资源，合理审慎地选择与古镇传统特色相适应的文化功能。城镇发展的再定位，是水乡古镇能否走得长远的战略之举。在这一方面，尚有较大发展空间和前景。

四、古为今用，创建文化特色新城镇

江南文化在中华文化中独具魅力，而江南古镇是重要的江南文化载体，今天留存下来的江南水乡古镇留存了比别的区域更有完整性、区域性、多样性的文化和空间特质。

另外，江南水乡古镇20多年的保护与发展，为全国历史城镇的保护与发展提供了重要的实践典范，其中的成功与失误都为其他地区城镇发展提供了难得的经验，是中国城镇保护的里程碑。

江南水乡古镇的独特魅力，为旅游发展提供了宽广的前景。古镇旅游的发展经历了自发性的个体商业活动、公司型的联合运营，到整个古镇旅游统一经营的演变过程。在当今快速城市化阶段和工业社会向消费社会转型时期，文化旅游、休闲体验成为人们工作之余不可或缺的生活方式之一。古镇旅游应当从粗放迈向精细，从观光到休闲，从物质到精神，提升文化层次，改善环境质量，培养参与型、学习型乃至思考型的旅游产业策略，使其成为江南地域中人们真正的精神家园和文化港湾。

为了迎接全球化、信息化的时代挑战，各国各城市都争相挖掘本土的文化内涵，以形成有鲜明特色的地域民族文化景观。新时代的水乡古镇旅游更应当由一镇一家单打独斗、互相比拼人气，转为联手合作，结成水乡联盟，共同开发，资源共享，功能互补，积极构建大水乡旅游联合体，开展水上网络旅游，力争在国际上形成高层次、高水平的江南水乡文化旅游品质。

"整体性保护"是一种动态的文化的保护，不只是保护历史建筑和城镇空间，更重要的是保护居住于其中的社会各阶层，并通过适宜的环境与政策的提供，使这些社会阶层，连同他们所创造的制度、精神文化一起，融入现代社会的生活秩序中来。

江南水乡城镇在经历从农耕到小手工商业社会漫长的自然演进过程中，积累了大量与生活形态息息相关的民间传统文化。这些文化在一代代人的传袭和潜移默化中，又维系和充实着历史城镇各自独特而丰富的物质空间环境。

如何在精心保护水乡城镇空间环境的同时，进一步使物质环境中蕴含的文化底蕴绽放出其在现代社会生活中的生命力，将物质环境保护整治与文化旅游发展利用紧密结合，形成物质环境留存、社会网络维系、无形文化传承三位一体的江南水乡文化空间整体性保护，是当前古镇保护与发展中亟待解决的重要课题。

对历史遗迹的清理抢修，再现曾经名噪一时的名园名宅，策划古镇戏台、文化剧场，对大型历史街区进行整体修复和现代化设施的全面引入等做法，虽然一出现便总是议论纷纷、难辨是非，需要随着时间的沉淀在社会发展中求证功过。但"实践出真知"，正确的认识总是有赖于不断的实践积累。更何况，对于历史城镇这样复杂的社会、文化、经济、生活有机体，其保护原则、价值认知和发展理念，都是在永无止境的探索中不断锤炼和逐渐清晰起来的。不是消极地静观其变，而是积极投身保护与发展实

水乡风光

践，从失败中矫枉勘误，从错误中吸取教训，江南水乡古镇这20余年的实践历程，就是这样风风雨雨走过来的。

所以，只要是无害于古镇历史文化遗产留存的积极尝试，都应得到鼓励。而以科学客观、严谨审慎的态度，对这些实践探索加以冷静分析，有利于我们树立正确的保护与发展理念，为江南水乡古镇的前进道路拨开迷雾。

参考文献

1. 百度百科词条：古镇；阮仪三；江南六大古镇；乌镇；昭明太子读书处；厅；雀替；四象八牛七十二墩狗；辑里丝；南浔镇；董说；风火山墙；西塘镇；薛宅；醉园；东岳庙；药师庵；护国随粮王庙；同里镇；罗星洲；思本桥；富观桥；同里古桥；嘉荫堂；崇本堂；务本堂；耕乐堂；退思园；周庄镇；张翰；甪直镇；保圣寺；杨惠之；沈宅；甫里书院；萧宅；王韬纪念馆。

2. 魏小安：《古镇的价值你知道有多大》，《新华日报》2007年5月9日。

3. 娄靖：《阮仪三：一部中国古城古镇保护活动教材》，人民网，2010年11月。

4. 《江南六大古镇并称的来历》，http：//zhidao.baidu.com/question/205689151.html。

5. 《江南的桥的来历》，http：//wenda.tianya.cn/wenda/thread?tjd=2ba5573lfa2a2634。

6. 《江南小记》，http：//blog.sina.tom.cn/s/blog 5bddb85f0100jogp.html。

7. 高同先：《五湖环绕处 一镇落水间》，《宿迁日报》2010年2月7日。

8. 苏越：《乌镇：原汁原味的水乡》，http：//www.fqsz.gov.cn/news Lvpedzkw show.asp? type id=l&sid=440。

9. 《这里是浙江——美丽乌镇之江楠木雕陈列馆》，http：//trip.elong.com/u/4593542/b01b8sva.html。

10. 《南浔：江浙雄镇》，http：//www.fqsz.gov.cn/news type dzkw show.asp? type id=l＆sid=480。

11. 《南浔的名人完整版》，第一导游网，http：www.dyldv.com/showtopic.aspx? topicid=9407。

12. 《生活着的千年古镇——西塘》，http：//gh.cri.cn/3601/2004/05/25/342@171210.htm。

13. 《我打江南走过——在西塘柔软的时光里》，http：//blog.silla.com.cn/s/blog 49117ef5010005w0.html。

14. 《西塘——千年古镇，江南一梦》，http：//t.ravel.cs090.com/lytd/2/2011/1109/88563 4.html。

15. 《务本堂的含义》，http：//zhidao.bai du.com/quest ion/88537870.html。

16. 李翔发：《悦读周庄》，《文学报》2006年9月28日。

17. 《周庄素描》，http：//gzrb.gog.com.cn/system/2003/05/09/000390870.shtml。

18. "周庄——中国第一水乡"网站，http：//www.zhouzhuang.com/index,asp。

19. 吴建国：《水乡桥都甪直镇》，http：//hi.baidu.com/%CE%E2%BD%A8%B9%FA%B5%C4%B2%A9%BF%CD/blog/item/23789fe696cde727693820d8.html。

20. 卢群、徐卓人：《江南古镇游》，浙江人民出版社2005年版。

21. 王稼句：《烟雨同里》，江苏美术出版社2004年版。

22. 朱汉民：《甪直古韵》，江苏美术出版社2003年版。

23. 张加强：《南浔往事》，江苏美术出版社2003年版。

参考文献 / 193

24.张加强：《乌镇依旧》，江苏美术出版社2002年版。

25.何萱：《水墨周庄》，江苏美术出版社2002年版。

26.阮仪三：《西塘（江南水乡古镇）》，浙江摄影出版社2002年版。

图片授权
中华图片库
北京全景视觉网络科技有限公司
林静文化摄影部